Olympia

El papel utilizado para la impresión de este libro ha sido fabricado a partir de madera procedente de bosques y plantaciones gestionadas con los más altos estándares ambientales, garantizando una explotación de los recursos sostenible con el medio ambiente y beneficiosa para las personas. Por este motivo, Greenpeace acredita que este libro cumple los requisitos ambientales y sociales necesarios para ser considerado un libro «amigo de los bosques». El proyecto «Libros amigos de los bosques» promueve la conservación y el uso sostenible de los bosques, en especial de los Bosques Primarios, los últimos bosques vírgenes del planeta.

Primera edición: mayo de 2015

Printed in Spain – Impreso en España

ISBN: 978-84-204-1906-0
Depósito legal: B-9.153-2015

Impreso en Gráficas 94
Maquetación: Javier Barbado

AL 1 9 0 6 0

Penguin
Random House
Grupo Editorial

El mundo de Olympia

Lo importante de querer alcanzar un objetivo es en quién te conviertes mientras luchas por él.

Ellos forman mi nuevo entorno

OLYMPIA

Es muy creativa, tan responsable y perfeccionista como cabezota y rebelde. A sus doce años es una soñadora apasionada por la gimnasia rítmica que desea por encima de todo hacer algo único, algo que nunca nadie haya hecho.

LUCIA

Es muy dicharachera, siempre sonriente y una artista de las manualidades. Se convierte en la compañera inseparable de Olympia en su llegada al equipo nacional.

CRISTINA

Es una de las veteranas y compañera de cuarto de Olympia, no le va a poner las cosas fáciles durante su estancia en el equipo nacional.

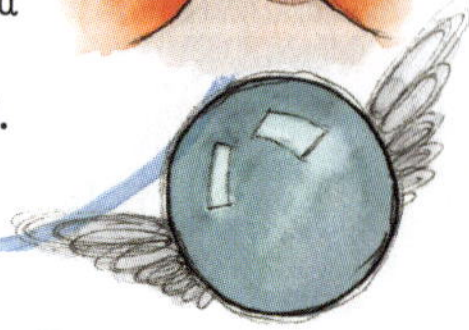

MARIO

Gimnasta de primera, su dedicación es fruto de una tradición familiar y todo lo que ha conseguido como gimnasta ha sido gracias al trabajo diario.

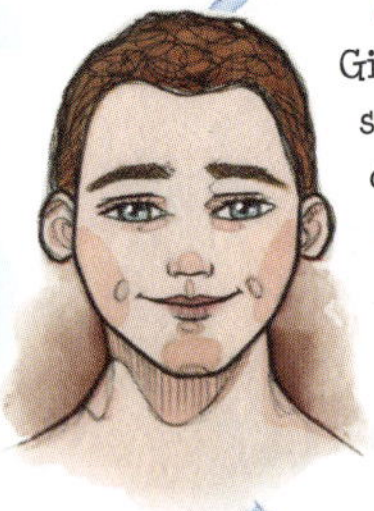

CLARA

Es la mejor amiga de Cristina en el equipo nacional, y una excelente gimnasta. Siempre lleva los cascos puestos y la música a todo trapo.

Bajo la mirada de...

MAYA

Es la seleccionadora de nacionalidad búlgara. Vive con las chicas y lleva el equipo nacional con mano firme: hace falta disciplina para llegar muy lejos.

CARIÑO

Es el perro de Maya. Convive en el chalé con todas las gimnastas y tiene un olfato privilegiado para las chucherías y las travesuras: todo un radar canino.

Sin olvidarme de ellos

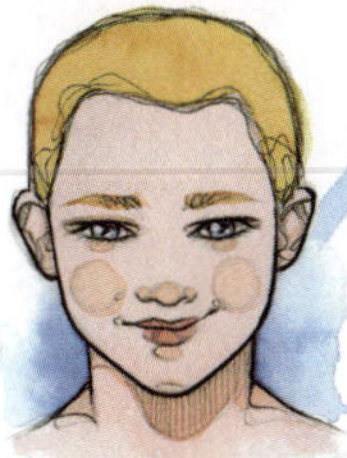

ORTZI DAVID MARTA CARMEN

La gimnasia ha alejado a Olympia de casa, pero aunque ya no vea a diario a sus amigos, siguen con ella.

Olympia

Un mundo de dos sabores

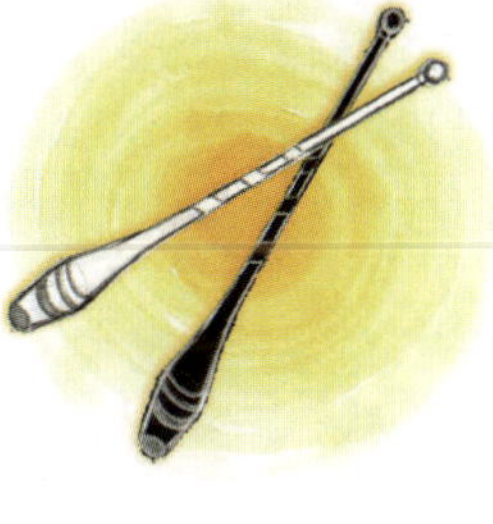

ALMUDENA CID

Ilustraciones de Montse Martín

ALFAGUARA

1

Olympia apoyaba la cabeza en la ventanilla del coche. Había salido de Vitoria esa mañana, con una maleta y una mochila pequeña en la que Mina había metido a presión todo lo que ella se había empeñado en llevarse, y era un montón. «Que no te vas a una estación espacial, hija. Estoy casi segura de que en Madrid hay tiendas y hasta te podemos enviar algún paquete por Correos si te dejas algo que de verdad necesitas», se reía su madre cada vez que Oly le decía que era fundamental que guardase el chándal que le habían regalado los Reyes ese año, o los calentadores de lana negros con un hilo dorado que llevó el primer día de entrenamiento en el Club IVEF, o el maillot de fresa y nata que Pili les había ayudado a coser para el ejercicio de cinta, y que al final no había podido usar en el campeonato nacional, o...

—¡Se me han olvidado las punteras nuevas!

Tomás casi da un volantazo del susto: Oly se había echado hacia delante en el asiento y un poco más y le grita al oído. Mina ni se dio la vuelta.

—No se te han olvidado, van en la maleta.

Habían conectado el GPS, y su madre no le quitaba ojo, como si así pudiese evitar que el cacharro se volviese loco y de pronto los guiara a traición a Huelva.

Olympia resopló aliviada. Menos mal. Le hubiese fastidiado dejarse en casa el regalo de Ortzi; había sido de lo mejor de ese año, después de las paperas, lo del tobillo... Casi sin darse cuenta, se llevó la mano al pie derecho y lo movió en círculos. Nada. Ya no lo notaba, ni un pinchazo. Ese verano lo había trabajado mucho en Alcántara, con todos los ejercicios que le dio Iratxe antes de despedirse de ella por vacaciones, un par de días después de que Maya, la seleccionadora nacional, le dijese que contaba con ella a partir de septiembre.

Desde su vuelta de Valladolid, todo le parecía irreal. Oly estaba muy ilusionada, tenía unas ganas locas de empezar los entrenamientos con la selección... pero a la vez le daba una pena horrible despedirse de sus amigos. Con la mejilla apoyada en el cristal, miraba sin ver el paisaje verde que pasaba delante de ella, y no podía dejar de pensar en la despedida.

Justo el día anterior, le habían montado una sorpresa en el pabellón del club. El gimnasio era una fiesta, incluso hicieron una merendola y el presidente de la Federación le entregó una placa en la que ponía: «La Federación Alavesa felicita a Olympia por ser elegida para la selección nacional de gimnasia». Ella agradeció el gesto roja como un tomate, aunque de reojo miraba a su madre como diciendo «sabes que te la quedas tú, ¿no?».

La federación alavesa de gimnasia felicita a Olympia por ser elegida para la selección nacional de gimnasia.

A Oly no le gustaban las placas, ni siquiera las medallas, solo las copas. Cuando era pequeña, su padre tenía muchas de sus partidas al mus, era todo un campeón, y ella no paraba de decirle que algún día le gustaría llegar a tener tantas copas como él. No sabía que para cuando superara a su padre, las copas ya le importarían bien poco.

Durante la fiesta, Patricia, Irene, Isabel y Carmen no se habían separado de ella en ningún momento. No hacía ni un año que se conocían, pero habían pasado por muchas cosas juntas (las tardes de entrenamiento, las risas en el vestuario, el diploma de conjuntos...) y las iba a echar de menos. Sobre todo a Carmen y su pompón blanco, que era lo primero que veía cada vez que la recogía en el autobús de línea que las llevaba al IVEF. Habría estado genial que las hubiesen seleccionado a las dos para seguir juntas en Madrid. O mejor, que las hubiesen seleccionado a las cinco.

Seguía preguntándose por qué unas llegaban al equipo nacional y otras no. Oly siempre vio en sus compañeras mucho talento y condiciones, y no entendía del todo en qué criterios se basaba la elección de la seleccionadora. Quizá Iratxe lo sabía, pero ella no tenía claro qué características suyas como gimnasta le habían podido gustar a Maya. Y si no lo sabía, ¿cómo iba a mejorarlas?

—Tú solo sé tú misma y sigue entrenando, Olympia —le había dicho Iratxe, un poquito emocionada.

—Eso, tú disfrútalo, Rusita —había añadido Rufino—. ¡Y no me llores!

Y ella iba a intentarlo, así que no lloró cuando les dijo adiós a Carmen y el resto, ni con Agurtzane, su primera entrenadora, que también había ido, ni siquiera cuando le dio un abrazo bien fuerte a Ortzi o cuando se despidió de Marta al llegar a casa, pero con David faltó poco.

Su amigo se la había jugado a base de bien, y se había presentado esa misma mañana en el portal, mientras Tomás iba a por el coche y Mina le daba a Miguel e Isra, los dos hermanos de Olympia, las últimas instrucciones sobre la comida de ese día, porque para la cena ya estarían de vuelta.

—Ya te vas, ¿eh?

Había aparecido con el pelo moreno despeinado y los cascos al cuello, como de costumbre. De pronto, Oly se sintió un poco tímida.

—Seguro que en un mes estoy de vuelta. Solo voy a probar.

—Venga ya, Oly —David había puesto los ojos en blanco.

—Solo me han seleccionado —se había defendido ella—. Lo mismo no me adapto. ¿Y si los entrenamientos son tan duros que no puedo aguantar? He oído que allí se entrena ocho horas diarias.

—Te lo dije: tenías que haberte dedicado al *curling*...

Los dos se habían reído, pero había sido una risa triste.

—Quién sabe, igual algún día me convierto en un gran DJ y tengo que ir a pinchar a Madrid, y me llevaría un disgusto si no estás allí —le había dicho su amigo intentando sobreponerse, al tiempo que le tendía una cartulina.

Era un dibujo a lápiz coloreado que había hecho él mismo: el principio del ejercicio de cuerda, justo cuando sorteaba al público para llegar a la pista del campeonato autonómico y pinchar su música de timbales. Oly había mirado el dibujo, y luego a su amigo, y luego el dibujo otra vez, con la boca abierta.

—Es uno de los mejores momentos que he pasado contigo. No te olvides de mí, ¿vale?

Y justo ahí fue cuando Olympia casi se olvida de que no iba a ponerse a llorar bajo ningún concepto. De puro milagro se las

había arreglado para aguantar las lágrimas. A punto de cumplir catorce años ya trataba de mostrar esa imagen de chica fuerte que acabaría forjándose como gimnasta. Estaba aprendiendo a contener sus emociones.

Al final se habían despedido entre risas, porque ni a David ni a ella les pegaba nada estar tan serios cuando se encontraban juntos y él enseguida había empezado a decir tonterías sobre lo que le esperaba a 360 kilómetros de distancia y lo que dejaba.

—Por fin voy a poder abrir una bolsa de patatas en el recreo sin tener que darte la mitad —le había picado, y se había ganado un golpe en el hombro—. ¡Au!

—¡Yo no hago eso!

—Años y años de sacrificio patatístico...

Tres horas después de aquello, Olympia soltó una risita en el asiento trasero. A su izquierda, los paisajes verdes habían dado paso a los altos edificios de la capital, y el calor se levantaba en ondas del asfalto. Ya casi habían llegado.

2

—¡Canillejas! ¡Que te la pasas, a la derecha!

—¡A la derecha, aita!

—¡Que te pasas la salida, Tomás!

«A. Cien. Metros. Coja la salida a la. Derecha», insistía la voz robótica.

—Pero si vamos paralelos —decía tan tranquilo el padre de Olympia, mientras su mujer, su hija y la señora del GPS voceaban a una.

—¡Que te metas! —le gritó Mina.

Tomás dio un volantazo y salieron por la desviación de la derecha que les llevaba directos al chalé de Canillejas donde vivirían todas las gimnastas, mientras Mina negaba, con las manos en la cabeza.

—Paralelos, paralelos... Anda que... ¡Tú lo has dicho! Este trasto sí que es para lelos —decía ella refiriendo al GPS—, y tú ni con esas. Llevaba la pobre mujer tres minutos avisándote de que girases a la derecha, y ni caso. ¡Este hombre me quita la vidaaaa!

En el asiento de atrás, Olympia se reía: sus padres a menudo tenían situaciones de esas en el coche y le hacía gracia ver cómo su madre se ponía histérica y su padre se tomaba a broma sus despistes.

Cinco minutos después, los tres se bajaban del coche ante un precioso chalé adosado de dos plantas. De fondo, los ladridos de un perro les dieron la bienvenida al tiempo que se abría la puerta de entrada y la propia seleccionadora aparecía en el umbral. Olympia se quedó sin respiración al ver a Maya: ya no había vuelta atrás. Se quedó clavada al suelo, igual que la primera vez que vio a Iratxe ir hacia ella ante el pabellón del Club IVEF. Pero después se dijo que al final con Iratxe todo había salido bien, ¿por qué no podía ocurrir ahora lo mismo?

Cogió aire y entró en el chalé. En el vestíbulo había otras chicas acompañadas por sus padres.

—Bienvenidas —les estaba diciendo Maya con ese acento búlgaro que la caracterizaba, y con una amplia sonrisa que dejaba ver la separación entre las dos paletas—. Id subiendo las maletas a vuestra habitación mientras yo hablo con vuestros padres.

«¿A qué habitación?», se preguntó Olympia, pero las otras chicas no dijeron ni pío; debían de ser veteranas y se limitaron a ejecutar las órdenes. Parecía que el entrenamiento empezaba desde ya.

Miró a su madre y Mina se encogió de hombros y le hizo un gesto con la barbilla hacia las escaleras antes de que la seleccionadora los invitase a entrar a un cuarto y cerrase tras ellos la puerta. Seguramente iba a ponerlos al día de normativas y del plan del año para sus hijas. A Olympia le hubiese gustado oírlo. Inspiró hondo y agarró el asa de su maleta, que pesaba como si hubiese traído el armario. Igual sí que se había pasado un poco con tanta cosa... *Cuando tenga que volver a hacerla yo, no me va a entrar todo ni de broma*, pensaba mientras intentaba subir el primer escalón.

—Yo te ayudo —una chica de su misma edad, castaña y con cara de ardilla, apareció en lo alto del tramo de escaleras, lo bajó en un visto y no visto y agarró la maleta—. Eres Olympia, ¿verdad?

—Sí —¿cómo lo sabía?

—Yo soy Lucía. Estamos en la misma habitación, con dos veteranas. Nos tocan las camas de arriba de la litera —dijo mientras doblaban el recodo del primer descansillo.

—¿En literas? ¡Genial!

Le recordaba a cuando se fue con su clase de excursión una semana a la Isla de los Conejos, que era como llamaban a la isla de Zuaza. Se lo pasaron fenomenal.

—Sí, el primer día mola. El segundo, después de un entrenamiento, ya te digo que no te va a gustar tanto... Cuando seamos veteranas, estaremos en las de abajo —contestó Lucía como si ese fuera uno de sus sueños.

Ella había llegado a la selección a la vuelta de las pasadas Navidades, justo cuando tendría que haberse incorporado Olympia si sus padres no hubiesen decidido aplazarlo. En total vivirían allí diez chicas: las cuatro de individual y seis de conjunto (una más que en el IVEF, porque había una suplente). Lucía le explicó que las chicas del conjunto dormían en la planta de abajo, donde estaban también el salón, el comedor y la cocina, y que las dos veteranas de individual —Clara y Cristina— y ellas dos dormían ahí arriba, puerta con puerta con la suite de la seleccionadora.

—Es un rollo tenerla justo al lado —le dijo según llegaban a una habitación de tamaño mediano, con las dos literas pegadas la una a la otra en mitad de la habitación, dos armarios empotrados que dejaban el espacio justo para abrir la puerta, dos pupitres para hacer los deberes, y una ventana que daba al aparcamiento.

Soltaron la maleta a los pies de la litera de la izquierda. Las cabeceras estaban llenas de fotos de familiares; en las paredes, pósters de competiciones internacionales.

—¿Te has traído ropa limpia para tres meses, o qué? —le preguntó Lucía al tiempo que se frotaba la palma de la mano; se le había puesto roja—. En realidad no hacía falta, aquí hay lavandería, ¿sabes?

Por lo visto, la lavandería estaba abajo, y ellas lo único que tendrían que hacer era bajar al sótano a recoger la ropa ya limpia y planchada. Era la hermana de Maya quien se encargaba de todo eso.

—Pero entonces, además de vivir con la entrenadora, ¿también vivimos con su hermana?

Lucía asintió con la cabeza.

—Y con su marido, que es el que nos lleva todos los días al colegio y a entrenar.

¿No tendrían que ir en autobús? ¿Y les daban toda la ropa lista? Estaba alucinando. Iba a preguntar más cosas cuando les llegó un grito del piso de abajo:

—¡Olympiaaaaa! ¡Lucíaaaaa! —las llamaba Maya.

Oly bajó los primeros peldaños a toda velocidad pero al llegar a los últimos y ver a sus padres esperándola, de pronto fue como si todo pasara a cámara lenta. Mina intentaba contener las lágrimas con una amplia sonrisa. Tomás hundía las manos en los bolsillos y se balanceaba tratando de ocultar cómo se sentía en realidad. Junto a ellos, otros dos adultos; supuso que eran los padres de su nueva compañera de cuarto.

—Les estaba explicando a vuestros padres que los móviles se quedan en el comedor apagados. Os los podéis llevar cuando salgáis al colegio, pero en cuanto entréis por la puerta los tenéis que dejar en el salón —decía la seleccionadora—. De todos modos, allí tenéis un fijo que va con monedas para que llaméis si alguna necesita algo —añadió señalando hacia la entrada del salón, donde Oly vio una cabina, de esas que ya solo se ven en las películas antiguas—, o para que os llamen hasta las once de la noche.

Era un modo de disciplinar a las chicas y reducir las distracciones. Para usar el móvil tenían que pedírselo a Maya, y solo se lo daba en caso de emergencia, así que adiós a los whatsapp nocturnos con David, con Carmen o con Marta, y las llamadas largas también iban a ser imposibles desde ese teléfono a monedas y casi al alcance del oído de cualquiera.

Maya terminó de hablar y tuvo el tacto de dejar a las niñas solas con sus padres para la despedida más dura de todas. Mina abrazó a Olympia, sin dejar de sonreír, mientras Tomás aprovechaba que sacaba las manos de los bolsillos para coger toda la calderilla que llevaba encima.

—Para el teléfono, hija. Tú llámanos siempre que quieras —le dijo.

Olympia no sabía si estaba feliz o triste... Acompañó a sus padres hasta la puerta de entrada y cuando se cerró, corrió a su nuevo cuarto. Desde allí vio cómo Tomás y Mina la miraban por última vez, se metían en el coche y arrancaban hacia casa.

Las lágrimas le picaban en los ojos y resbalaban por sus mejillas cuando notó que alguien le rodeaba la cintura. Era Lucía, que también lloraba. Las dos chicas se miraron y se fundieron en un abrazo sin palabras.

3

Lucía era muy delgadita, de piernas largas, piel blanca y pelo claro, y cuando se reía, se le cerraban los ojos como a las japonesas, y eso que ella era extremeña, como los padres de Olympia. Mina y Tomás eran de dos pueblecitos de Cáceres (Alcántara y Brozas), aunque bien jóvenes se marcharon al País Vasco en busca de empleo en la industria metalúrgica, y así fue como se conocieron, en los largos trayectos de autobús. Los padres de Lucía, en cambio, no tuvieron que emigrar y aún vivían en Badajoz. A Oly le habían caído bien desde que los vio de refilón despidiéndose de su hija. En el fondo, sentía que aunque no eran de la misma ciudad, Lucía y ella compartían sangre extremeña, y eso unía.

Fue ella quien le presentó a sus nuevas compañeras, y también quien le explicó casi todas las costumbres que les esperaban las semanas y meses siguientes.

Como las literas estaban juntas, cada noche antes de dormirse tenían unas charlas larguísimas, siempre con la luz apagada para no molestar a las mayores. En realidad solo les sacaban dos años, pero era curiosa la distancia que habían puesto las veteranas desde el primer momento con las recién llegadas. Lucía y Oly ni siquiera tenían el valor de pedirles ayuda cuando no habían entendido algo en el entrenamiento, y preferían equivocarse y llevarse una regañina de Rita, la entrenadora de individual, antes de decirle a Clara o Cristina que se lo explicaran. Esas dos eran como un muro. *Vaya equipo de pacotilla,* se decía Oly. Hasta llegó a pensar que no les había gustado su llegada, como si las dos nuevas fuesen una amenaza. Sobre todo con Cristina.

Había tenido esa sensación desde el primer momento. Después de ver cómo se marchaban sus padres, Oly se había quedado un poco desanimada. Lucía la estaba ayudando a deshacer la maleta cuando entró Cristina y al ver a Olympia sentada en su cama, le había soltado un bufido. Luego se presentó y le puso buena cara, pero de primeras... vaya genio tenía.

Por eso por las noches en las literas de arriba se hablaba siempre muy bajito, para no molestar. Aunque, bueno, si hubiesen estado gritando, Clara tampoco se habría enterado de nada. Era capaz de dormirse escuchando música a todo volumen. Conectaba los auriculares al iPod rosa fosforito con una estrella de purpurina que casi siempre llevaba con ella, y si no se le acababa la batería, las canciones sonaban de fondo hasta la mañana.

Chunda-chunda-chunda-chunda...

—Ya podía elegir algo más relajante —susurraba Olympia, que dormía justo encima.

Ese mismo ruido las acompañaba en la furgoneta que las llevaba al colegio nuevo. Iban todas al mismo: uno privado que había en la calle Segre, en el centro de Madrid, cerca del Santiago Bernabéu. Cuando pasaban por delante del estadio, Lucía siempre estiraba mucho el cuello, para no perder detalle. «¿Te imaginas que un día nos cruzamos con alguno del Madrid?», le preguntaba como si le hiciese ilusión; ni se paraba a pensar en que los futbolistas no jugaban partidos en horario escolar.

A Oly eso le daba igual, toda su experiencia con el fútbol se limitaba a los partidos del colegio: todavía se acordaba de su gol de chilena sin levantar el otro pie del suelo. A ella, más que a cualquier estrella del fútbol, lo que le habría hecho ilusión de verdad era encontrarse a David o a Ortzi o a las chicas de IVEF esperándola a la puerta del colegio.

Allí dejaba cada mañana a las diez chicas la furgoneta y en cuanto volvía a arrancar y doblaba la esquina, las veteranas desaparecían de la vista. Era como si se evaporasen por arte de magia. Estaban ahí y de pronto... *puf*, ya no estaban. Ni idea de adónde iban, aunque se las arreglaban para llegar sofocadas justo antes de que sonara la campana de entrada a clase. Era el único momento del día en que se escapaban de un horario milimetrado, porque nada más acabar las clases, la misma furgoneta las recogía para llevarlas a entrenar, de ahí al chalé de Canillejas a comer y hacer deberes en el salón o sus habitaciones, luego a entrenar otra vez, cenar, un último repaso de estudio y a la cama.

—¿Dónde crees que irán? —le preguntó Lucía.

Eran casi las doce, el chalé estaba ya en silencio y aquel se había convertido en uno de sus dos temas de conversación favoritos para ese momento de la noche, antes de que las pillara el sueño. En las últimas semanas ya habían hablado de posibles agujeros de gusano, de pliegues espacio-tiempo, de camuflaje nivel avanzado, de puertas ocultas en el muro del colegio...

—A lo mejor tienen un club secreto y se juntan todos los días para planear... algo —Olympia tenía que reconocer que a esas horas su imaginación no trabajaba igual de bien que cuando estaba despierta del todo.

A Lucía le entró la risa. Le pasaba cuando tenía mucho sueño.

—Eso. Planean dominar el universo.

—Dominar el universo no, pero... a lo mejor planean cómo secuestrar a Cariño.

Cariño era el perro de Maya, un mestizo de fox terrier y chucho, que se dedicaba a recorrer la casa y a ladrar de vez en cuando. Ninguna de las chicas le hacía el menor caso; para ser sinceros, la mayor parte de las chicas le tenía un poco de manía, porque se colaba en las habitaciones y parecía adiestrado para aparecer cuando menos lo esperabas y darte un susto.

—Ya. Y llevan planeándolo meses en ratitos de cinco minutos diarios.

—Es un club secreto intermitente. ¿De qué te ríes? Pues tiene más sentido que tu teoría de los viajes en el tiempo.

Oly se imaginó cómo Lucía achinaba los ojos. Siempre estaba sonriendo, en eso le recordaba un poco a Carmen, aunque Lucía era más tímida y reflexiva. *Se llevarían fenomenal*, volvió a pensar.

—Mañana tenemos que seguirlas —susurró sin pararse a pensarlo.

—¿Qué has dicho?

—Eso: que mañana las seguimos y nos enteramos. Imagínate que van a...

—¡... a una despensa secreta!

Y ahí estaba el otro tema favorito: COMIDA.

En el chalé eran habituales las charlas sobre comida. Casi todos los días se oían conversaciones sobre chucherías, galletas

y chocolate, o sobre los platos que les iban a hacer sus madres cuando volvieran por Navidad a casa. Lucía y Olympia también participaban: era gracioso pensar en qué comerían si pudiesen elegir menús y también hablaban de los manjares que escondería la puerta de la despensa, al lado de la lavandería, que siempre tenía puesto el candado. Dentro había unas neveras gigantes. Oly decía que si hubiera un tornado, podrían meterse todas allí y tendrían comida para varios meses.

—Habrá donuts, napolitanas, cruasanes...

—... patatas alavesas...

Lucía pareció pensárselo un segundo.

—Vale, patatas alavesas. Y helados, *cupcakes,* Twix, Sugus, nubes...

Como los días eran muy largos y al llegar la hora de acostarse ya estaban fundidas, antes de que terminaran la lista de chucherías se habían quedado las dos dormidas, soñando con banquetes. Tantos, que si de verdad hubiesen comido la mitad de lo que soñaban, a la mañana siguiente su cita con el Willy se habría convertido en la comidilla del chalé de Canillejas.

4

Esa primera tarde lejos de casa, cuando Lucía habló de «pasar por el Willy», Olympia no supo qué pensar. Se dijo que había escuchado mal y se limitó a seguir colocando sus cosas y a hacer como que no había oído nada, pero al día siguiente todo cobró sentido.

—¿Dónde vamos? —le había preguntado a Lucía mientras todas las chicas bajaban en tromba recién levantadas y en ayunas al encuentro de la seleccionadora, que siempre madrugaba más que ellas.

—Pues a pasar por el Willy. ¡Si te lo dije ayer!

—¿El Willy?

Y resultó que el Willy era una báscula tipo antiguo, de esas de medidor de aguja y altas, y las chicas la miraban con mala cara, como mirarían a un ogro de un solo ojo que no asusta mucho pero lo intenta. Según Lucía, le habían puesto ese nombre porque era «el mejor amigo de Maya».

—Por la abeja —añadió por si no había caído.

Con el tiempo, Oly vería que el Willy era el nexo de unión entre el entrenamiento y la casa. Estaba ahí, en el salón, si veían una película, si se quedaban a estudiar, si bajaban a comer o a cenar, y era el primero que les daba los buenos o malos días.

Al llegar al equipo, la entrenadora fijaba a cada una de las chicas un peso ideal en función de su edad y constitución física, y ellas debían mantenerse en ese peso medio kilo arriba, medio abajo, si no querían que esa noche la cena se convirtiera en media cena. O sea, si tenían sopa, cuatro empanadillas, fruta y yogur, las que esa mañana se habían pasado de peso en el Willy entre medio kilo y un kilo solo tomaban la mitad de la sopa, dos empanadillas, fruta y yogur. Y si se habían pasado más de un kilo, no había ni sopa ni empanadillas.

Las caras por la noche ya eran un poema con tanto cansancio acumulado, así que imagina cómo eran cuando tocaba cenar solo una manzana y un yogur de fresa que se acababa en cinco cucharadas.

—Hoy se va a comer la almohada —le decía Oly a Lucía cuando veía a Cristina rebañando el yogur de su media cena.

—Y la sábana.

—Mientras no nos muerda a nosotras...

Y esas noches al runrún de los cascos de Clara se unía el ruido de las tripas de la otra veterana. Oly decía que era la habitación sonora.

—Ya solo falta que una de nosotras rechine los dientes y otra hable dormida, y podemos montar un grupo.

Por suerte para ellas, ninguna de las dos tenían que preocuparse por quedarse sin cenar. Estaban incluso por debajo del peso que les había marcado la seleccionadora, porque eran pequeñas y aún no habían desarrollado. De hecho, los duros entrenamientos junto con el agobio de sacar el curso adelante les hacían consumir mucha energía, y al mes de estar en Madrid, Maya tuvo que poner remedio para que no siguieran adelgazando: no quería que las chicas se debilitaran. Para ser una buena gimnasta, necesitas fuerza para los entrenamientos. Por eso, las que estaban por debajo de su peso también tomaban merienda: unas galletas de chocolate, que Olympia habría cambiado encantada por un bocata de chorizo pamplonica.

Merendaban en el comedor sin hablar y con la puerta cerrada para que no las vieran ni escucharan las mayores, que normalmente eran las que no pasaban el control de la báscula, y así evitar darles envidia. Sin embargo, como todas sabían lo que ocurría allí dentro, todavía les sentaba peor y nadie estaba del todo contento. Las mayores, porque querían estar al otro lado de la puerta; las pequeñas, porque ¿qué forma de merendar era esa? Pero el Willy mandaba y para muchas se había convertido en algo obsesivo. Y por eso cada mañana se montaba la que se montaba.

En cuanto la seleccionadora asomaba la cabeza en las habitaciones para despertarlas, la casa se ponía en marcha como una colmena, y en un minuto se montaba una actividad tremenda. Antes del peso se formaban unas colas enormes para ir al baño, porque hacer pis o no podía suponer quedarte con media cena. Y luego estaban las manías de cada una.

—Que da igual con qué pie subas, Lucía —le repetía Oly esa mañana de diciembre en la fila que tenían que hacer para pasar el Willy.

—No puedo arriesgarme, Oly —le contestó su amiga mientras saltaba de un pie a otro hecha un manojo de nervios como cada día. Debía de pensar que a saber lo que acababa cenando si hacía caso a Olympia y no subía al Willy como estaba mandado.

Todavía seguían en pijama y no paraban de escucharse bostezos. Olympia había dormido de un tirón y aún se acordaba de cosas sueltas de su sueño, ¿algo que tenía que ver con indios y vaqueros? Los indios llevaban cintas, pelotas y aros de com-

petición en vez de flechas y por el camino se iban zampando los aparatos de rítmica, tan contentos: el aro sabía a tronquitos de regaliz rellenos; la cinta, a lenguas de pica-pica con el palo de Mikado de chocolate; y la pelota era un chicle gigante y hacían globos enormes que los protegían como escudos de los ataques de los vaqueros.

El sueño había terminado con un banquete de nata con fresas de la victoria por parte de los indios. ¿Por qué habría soñado con eso? Igual era por la música que estaban trabajando para el ejercicio de pelota, que le recordaba al Oeste. Se acordó de que tenía que buscar música para el de las mazas. A lo mejor podía hablar con David cuando encendiera el móvil esa mañana.

La fila avanzó un poco. Se había subido una chica de conjuntos, y detrás de ella Cristina le subía la parte de abajo de la camiseta del pijama, para que pesara un gramo menos. Luego le tocaba a ella y a Clara, que estaba un poco seria, como si se temiera que iba a subir de peso.

Detrás de Olympia, Lucía ensayaba su posición de Torre de Pisa: creía que si volcaba el peso al lado derecho iba a bajar por lo menos cien gramos.

—Vas a terminar en el suelo —le dijo mientras se reía, aunque ella también tenía sus supersticiones...

Había comprobado que cuando se ponía las braguitas de lycra con estampado vaquero, siempre acababa merendando. Eran su amuleto matutino. Maya no se daba cuenta de todo lo

que pasaba: sus gafas solo alcanzaban a ver lo que decía la báscula y el cuaderno donde lo anotaba.

—Muy bien, Olympia —le dijo al rato la seleccionadora después de anotar el peso de Clara en su cuaderno y mirar qué nuevo número marcaba ahora la báscula—. Hale, abajo. Arriba, Lucía.

Le cedió el sitio en el peso, y vio cómo su amiga subía con el pie derecho. Cuando se giró, las dos veteranas las observaban, y le pareció que Cristina le ponía mala cara.

—¡Vamos, Oly! —la espabiló Lucía, que ya había superado la prueba de cada mañana.

Tenían que correr para desayunar, vestirse —ellas dos siempre desayunaban en pijama: así les daba la sensación de estar en casa— y marcharse al colegio. Y por encima de todo, ese día tenían una misión por delante: iban a descubrir el secreto de las veteranas.

5

En Madrid las distancias eran bien distintas a las de Vitoria. En casa, Olympia cogía la bicicleta y en menos de diez minutos estaba en la puerta del colegio, pero ahora... Encima, todas las mañanas pillaban atasco en la entrada de avenida de América, así que tardaban cincuenta minutos en llegar a clase. Como el trayecto se hacía eterno, normalmente Oly aprovechaba para echar una cabezadita porque el runrún de la furgoneta la adormecía. Y eso que su sitio no era el más relajante, que digamos.

Al ser la última en incorporarse al chalé, le tocaba ir en la parte de delante de la furgoneta, sentada entre el marido de Maya, que iba al volante, y la seleccionadora. A Oly siempre le había gustado ir de copiloto con su padre, pero cuando se enteró de dónde iba a tener que sentarse todas las mañanas no le hizo ni pizca de gracia. Y no porque la búlgara fuese mala. Se portaba muy bien con ellas y jamás levantaba la voz ni se ponía hecha una furia, pero tampoco se reía; como mucho, sonreía sin enseñar los dientes. A todas las chicas les imponía mucho respeto y preferían no cruzarse con ella si podían evitarlo, sobre todo los días en los que no habían entrenado bien.

De todas formas había algo entrañable en Maya, y es que esos días al subir a la furgoneta siempre le echaba a Oly una media sonrisa de las suyas, porque sabía que a Olympia le hubiese gustado estar lo más lejos posible de ella, en los asientos del fondo. Por suerte se limitaba a eso, nunca hablaba de gimnasia fuera de los entrenamientos. Salvo por el Willy, la gimnasia estaba bien separada de la vida en la casa. Aun así todas querían impresionarla, y si sabían que algún día no habían estado a la altura, era incómodo. Las más veteranas se rebelaban un poco, y a veces se oía alguna burla a espaldas de las entrenadoras. Oly se preguntaba si Maya estaría al tanto.

Esa mañana, Olympia ocupó su sitio entre la palanca de cambios y la seleccionadora, tratando de tocarla lo mínimo —algo casi imposible en las curvas—, y por un día se olvidó de la siesta mañanera: acababa de encender el móvil y tenía el WhatsApp al rojo: 27 mensajes.

Buenas noches!! Estás ahí?
Estás?
Oly???

Era Carmen. Le había escrito antes de acostarse, y como Oly no contestaba, se había dedicado a mandarle otros veinticuatro mensajes llenos de emoticonos de bolos y balones de baloncesto (a falta de dibujitos de mazas y pelotas de gimnasia), exclamaciones y caras sonrientes.

Le contaba que seguían entrenando para el autonómico de conjuntos y que tenían una nueva profesora de ballet que se llamaba Nekane y estaba trabajando con ella la secuencia de seis *fuettes* seguidos, y que ese giro sobre una pierna se le estaba resistiendo; que creía que había crecido dos centímetros desde el verano; que llevaban todo el mes saliendo a las tantas y Rufino había cogido por costumbre apagar las luces y esa tarde había fundido las de toda la instalación; y terminaba con un notición:

Ah, no t lo vas a creer.
Ortzi se va al CAR d BCN con el ekipo nacional!

¿Ortzi en el centro de alto rendimiento de Barcelona? Olympia había oído que en el CAR que se creó para los Juegos Olímpicos de Barcelona 92 trabajaban grandes gimnastas de artística masculina y se alegraba por él pero ¿por qué no había elegido Madrid? Habría sido tan increíble... Era verdad que la gimnasia los había unido en Vitoria, aunque tenía la sensación de que ahora los separaba un poco más de lo que ya los había separado su viaje a Madrid.

Contestó corriendo a Carmen con un «buenos días» lleno de exclamaciones. Tenía ganas de hablar con ella y que le contara cómo se había enterado, cuándo había sido...

24

Madrid seguía pasando a paso de tortuga por la ventanilla de la furgoneta. Una fila enoooorme de coches y un semáforo a lo lejos. Le llegaba el zumbido de los auriculares de Clara y las risitas de tres chicas de conjuntos, que iban cuchicheando atrás del todo. Esperó quince minutos. Veinte. Estaban a punto de llegar a su destino cuando vibró el móvil, pero no era la microgimnasta.

Se había abierto otra conversación: David le mandaba un audio de 90 segundos con su última mezcla. Lo escucharía luego; con un poco de suerte le daba ideas para el ejercicio de mazas. Al segundo vio que aparecía el «escribiendo...» en pantalla.

Qtal x Madrid?
Atascado. Y tú?

Icono de pulgar en alto y unos cascos. David en estado puro. Sus padres habían ido a verla una vez al mes desde que se había mudado al chalé y hasta le habían mandado algún regalo sorpresa, pero Olympia echaba de menos a sus amigos porque aunque cruzasen mensajitos, no era lo mismo. Por suerte, ya solo quedaban dos semanas para la Navidad.

Cruzaron algún mensajito más y luego David también se desconectó. ¿Por qué Carmen no respondía? Grrrrr.

Acababan de llegar al colegio. La furgoneta paró en doble fila como hacía siempre y al minuto las diez chicas se mezclaban con el mogollón de estudiantes y padres habitual a esas horas.

Oly estaba mirando el móvil (mientras pensaba «Contesta, contesta, contesta...») cuando Lucía la cogió del brazo.

—¡Que se marchan, corre!

Olympia levantó los ojos y vio cómo Clara, Cristina y otras tres de conjuntos doblaban la esquina del colegio. Echaron a correr detrás de ellas, pegadas a la pared como aprendices de espía. Una señora mayor las miró con cara de sorpresa y Olympia le devolvió una sonrisa de oreja a oreja.

—¡¿Dónde están?! ¡¿Dónde están?! —Lucía miraba de un lado a otro, con la cabeza asomada por la esquina, y Oly pegada a su espalda y mirando por encima del hombro. ¿Se habían esfumado?, ¿otra vez?

—¡Allí!

Vieron las piernas de las chicas, asomadas a una cabina fucsia casi oculta detrás de un quiosco de prensa. ¿Qué era eso? Olympia adelantó a Lucía y se acercó unos metros, todavía en modo espía. Y cuando estuvo delante, abrió los ojos como platos. Eso era...

—¡Es una tienda de chuches! —le confirmó Lucía, salivando—. ¿De verdad siempre ha estado ahí?

Delante de ellas, las mayores compraban kikos, gominolas, patatas y barritas de chocolate a todo correr: solo faltaban dos minutos para que sonase el timbre y tenían que llegar a tiempo a clase.

Las dos chicas se miraron con una sonrisita. Habían descubierto el gran secreto y no era un club antiperruno ni una puerta oculta. Era mejor. ¡Era mucho mejor!

LA CASA DE LAS CHUCHES

6

Cuando Lucía y Olympia entraron en el pabellón donde tantas horas pasaban a diario, seguían hablando de qué chucherías iban a comprar a la mañana siguiente. Esa era su segunda sesión del día y empezaba a notarse el cansancio acumulado: a veces compaginar los estudios y la gimnasia se hacía cuesta arriba, por muchas facilidades que les dieran en clase para adaptar los exámenes a las competiciones. De todos modos, gracias a la exigencia en el trabajo que les pedía siempre Iratxe en Vitoria, a Olympia no le había costado tanto como creía adaptarse a los duros entrenamientos del equipo nacional.

—No creo que tengan gofres —le iba diciendo a su amiga mientras cruzaban la enorme puerta de entrada y giraban a la izquierda.

El Moscardó —que era como se llamaba esa instalación deportiva exclusiva para gimnasia— era gigantesco. Tan grande que apenas se cruzaban con nadie, y eso que aparte de las otras disciplinas de gimnasia, había allí un equipo muy completo de técnicos, con médicos, fisioterapeutas y hasta psicólogo. Para Olympia era alucinante pensar que le darían un masaje si se le cargaba la espalda, o que tendría un doctor a pocos metros si le dolía la cabeza o necesitaba antibióticos. Se acabó lo de pedir hora con el médico de cabecera. Se sentía una privilegiada. Protegida y cuidada.

Al principio había creído que tenían la instalación entera para ellas, pero luego se enteró de que tras la puerta de la derecha, en la entrada, estaba la zona de la gimnasia artística masculina. De todos modos era como si esa zona tuviese un hechizo de invisibilidad: cuando entraban las ritmiqueras —era así como llamaban las otras disciplinas a las gimnastas de rítmica—, las chicas ni siquiera hacían el amago de mirar hacia allí, y menos si Maya iba con ellas. Nadie se lo había dicho, pero actuaban como si tuviesen prohibido hablar con los chicos.

Olympia y Lucía recorrieron la mitad del pasillo de la izquierda hasta los vestuarios, que eran bien grandes y estaban llenos de taquillas. Cada gimnasta tenía la suya, y eso a Oly le encantaba: como en casa nunca le hicieron falta porque ya estaban sus padres para abrir cuando ella llegaba, antes de ir a Madrid nunca había tenido llaves propias. Le hizo mucha ilusión buscar su primer llavero y al final acabó siendo uno con forma de bellota que le recordaba a su pueblo, su abuelo y al jamón tan rico que se come allí.

—... o donetes, o kikos. Sí, los kikos son la mejor opción —le decía Lucía mientras abrían sus taquillas, colocadas al fondo del vestuario—, porque entran más en cada bolsa y así nos duran.

—A lo mejor podemos comprar Lacasitos, mmm...

Olympia sacó un paquetito de la bolsa de entrenamiento. Hacía dos días le había dicho por teléfono a su madre que le dolía el pecho; le molestaba cada vez que apoyaba el cuerpo para hacer un lumbar o se ponía boca abajo sobre el tapiz. Todo apuntaba a que le estaba creciendo, y justo esa tarde le había llegado desde Vitoria una cajita con un sujetador rosa y, debajo, un extra que su madre había metido en un sobre por si le revisaban el paquete. Había sido una sorpresa genial, la manera más dulce que tenía Mina de llegar a su hija:

—Tenemos el chocolate que ha mandado mi madre —le estaba recordando a Lucía. Y en ese momento le llegó la voz de Cristina.

—Pero ¿dónde vas tú con eso? —soltó con cierto desprecio mientras se reía y buscaba a Clara—. ¡Si no tienes tetas!

Como si fuese un calambre, Oly tuvo la sensación de que eso ya lo había vivido... Aquello le recordaba a la escena del año pasado con Patricia y sus punteras negras, o la del vestuario de su colegio, con Miren y las Calcetines, como las llamaba David. ¿Por qué siempre tenía que haber alguna desagradable? Sabía que tenía que quitarle importancia, pero no pudo evitar que le afectase. Aun así, en vez de contestar, terminó de vestirse y salió con Lucía del vestuario.

—No les hagas ni caso —le dijo su amiga, y luego siguió a su tema, para que Olympia se distrajera—: Esa tableta hay que racionarla. Y buscar un buen escondite.

Dejaron atrás la sala de fisioterapia y medicina que estaba pasados los vestuarios a la derecha, con un banco enfrente para que las chicas esperaran su turno si había un chico dentro tratándose una lesión o en un masaje de descarga. Cruzaron el patio interior al que las sacaban a correr para coger fondo en la preparación física —los chicos podían verlas correr pero ellas a ellos no: el sol daba en la cristalera y se veían a ellas mismas mareadas de correr siempre en el mismo sentido— y al fin llegaron a la zona de rítmica.

La sala era inmensa. Había tres tapices flotantes de los buenos y una barra de ballet que ocupaba un tapiz y medio lleno de espejos, porque además de la preparación física y de invertir gran parte del entrenamiento en la técnica de los cinco aparatos, el horario de gimnasia incluía hora y media de ballet diaria. En esa misma zona, se encontraba el piano que antiguamente se utilizaba para las clases de ballet, incluso cuando la gimnasia era con música en directo, y que ahora había quedado para que las chicas apoyaran las botellas de agua.

También había un área acristalada con una mesa de reuniones y sillas donde las entrenadoras se sentaban para hablar del trabajo que iban a hacer ese día, o de las próximas competiciones y objetivos para el año. Cerca, un banco-perchero donde las gimnastas dejaban sus sudaderas y abrigos. Maya les obligaba a abrigarse para cruzar el patio interior camino de la sala o los vestuarios porque aunque solo tardaban unos segundos, decía que en ese tiempo podían coger frío y no quería que ninguna enfermara.

El techo de la instalación era altísimo, sin vigas, muy señorial. A Oly le recordaba a los techos de un teatro, y lo parecía todavía

más porque al fondo y en lo alto del muro, donde terminaban los tres tapices, había unas gradas con butacas de terciopelo rojo. Y en el techo, arriba del todo... un palo de una cinta clavado.

Olympia y Lucía se sentaron en el tapiz de calentamiento. Oly estiraba boca arriba el frontal, con las piernas en una línea perfecta, y mientras las rebotaba y tocaba con los pies en el suelo no dejaba de pensar en cómo era posible que un palo de rítmica se quedase clavado como un cuchillo y quién era la gimnasta que había conseguido hacerlo. ¿Cuántas habrían pasado por el Moscardó? Una de ellas había lanzado la cinta bien alto, bien fuerte, y de algún modo el palo había girado y se había hundido en el techo.

Como le sucedía a menudo, se pasó todo el estiramiento dándole vueltas y cuando se quiso dar cuenta, todas sus compañeras estaban listas para empezar y ella en posición de mariposa y sin estirar ninguna otra parte del cuerpo. Pronto escuchó un grito de la entrenadora.

—Olympia, ¿quieres espabilar? —le decía Rita.

En Vitoria, a Oly le costaba alzar la vista en los equilibrios, buscaba su punto fijo en el suelo e Iratxe siempre le insistía en que levantara la mirada... Y ahora, en cambio, no podía dejar de mirar al techo. Allí, una gimnasta había dejado su marca. Olympia también estaba decidida a dejarla, pero de otra manera bien diferente: daba igual lo que le dijesen o que se metieran con ella; porque trabajaría duro y un día haría algo único, dejaría huella.

7

Como cada día, empezaron con el ballet. La profesora, Marisa, venía del ballet clásico y había adaptado su forma de trabajo a la rítmica.

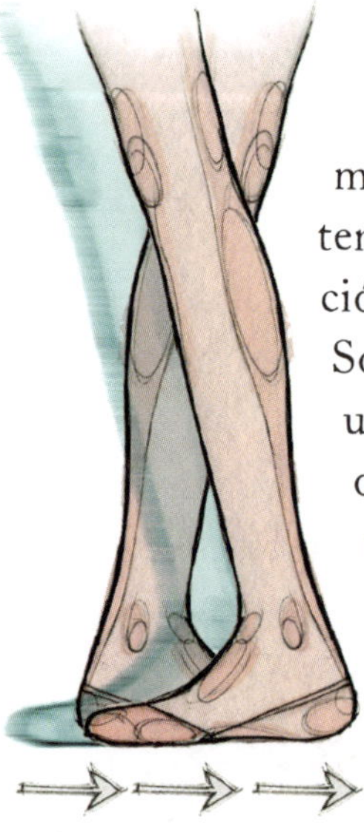

—Forzad la quinta, forzad la quinta —les repetía.

Exigía una quinta posición de pies perfectamente cerrada, pero a las que no podían porque no tenían un *andeor* natural, les pedía una tercera posición y que poco a poco fueran forzando la quinta. Solía mandarles series de zancadas seguidas desde una esquina del primer tapiz hasta la esquina opuesta del tercero: era una forma de coger músculo y resistencia. Marisa les hacía una demostración para que vieran que era posible y después trataba de disimular mientras controlaba la respiración, como si hacer veinte zancadas seguidas no fuera para tanto. De todos modos, por muy exigente que fuese el ballet, esa era siempre la parte menos dura del entrenamiento.

Con Rita lo llevaba peor. Era una entrenadora muy seria y desde el principio quedó bien claro quién era su favorita, porque toda la distancia que ponía con Oly desaparecía cuando hablaba con Clara. Sobre todo si Maya no estaba cerca, y no siempre lo estaba: la seleccionadora lo dirigía todo, y los días en que se sentaba a trabajar solo con las chicas de conjuntos, le tocaba a Rita, como segunda entrenadora de individual, entrenar a Olympia, Clara, Cristina y Lucía. Justo como ese día.

—Todas con el aro. Vais a hacer los tres lanzamientos de vuestros ejercicios y cada lanzamiento lo haréis diez veces seguidas bien. Si no son seguidas, volvéis a empezarlo —les dijo Rita, sentada en la mesa frente al tapiz con la libreta donde apuntaba todos los números, y se pusieron las cuatro a ello.

La exigencia en el trabajo era mayor que en el IVEF, pero Olympia no tuvo problemas en sacar sin fallo los dos primeros lanzamientos del aro, y eso que para el primero tuvo que hacer once porque Rita olvidó apuntar uno. Sin embargo, en la última todo cambió.

—Vamos, Olympia, te queda un lanzamiento —le dijo la entrenadora con algo de retintín—. A ver si tienes la misma suerte.

—¿Por qué me tiene esta manía? —le preguntó por lo bajo a Lucía.

Oly hizo un lanzamiento diametral de espaldas. En el ejercicio que estaban trabajando, en lugar de ser hacia delante las volteretas eran hacia atrás, y en la tercera recogía el aro con las piernas fuera del campo visual. El aparato tenía que caer completamente plano para que sus piernas pudieran entrar por él.

Como en las ocasiones anteriores, no comenzó mal, pero en el séptimo lanzamiento falló y tuvo que volver a empezar. Luego falló en el quinto. En el tercer intento de la serie tenía las espinillas doloridas de tanto golpe con el aro, pero no paró de intentarlo y esta vez llegó sin fallo a la sexta repetición. Clara ya había terminado.

—¿Es que pensáis tenerme aquí hasta mañana? —les decía Rita a las otras tres al tiempo que miraba a su preferida.

Oly apretó los dientes. No desistía, trataba de olvidar los intentos fallidos y centrarse en el lanzamiento como si fuera el primero del día, aunque sentía cómo le palpitaban las piernas.

De 6-6. De 7-7. De 8-8. De 9-9... *Vamos.* Se preparó para el último lanzamiento, y justo cuando sus piernas estaban entrando por el aro, y el aro hacía contacto con sus espinillas (que le recordaban cuántas veces había hecho esa recogida), giró la cabeza en busca de Rita y vio que estaba atendiendo una llamada con la mirada fija en la mesa. No se lo podía creer.

—Y bien Olympia —le dijo la entrenadora mientras colgaba el teléfono.

—Lo he hecho ya. Diez de diez.

—Pues me lo he perdido. Y con la tarde que llevas, no sé si creerte...

—Yo estaba mirando y sí que le ha salido —intervino Lucía.

—Ya...

Estaba claro que Rita no la creía. Claro, ¿qué iba a decir «su amiguita»? Miró a Clara, y ella, que también había visto la recogida, no abrió la boca.

—Lo he hecho —insistió Olympia con la mirada baja.

—Pues demuéstralo. Vamos, haz uno más.

A Olympia le entró una rabia terrible. Estaba tan enfadada que faltó poco para que estampase el aro contra el suelo. *A lo mejor fue así como acabó el palo de la cinta en el techo*, pensó. De todas formas, se dispuso a otro intento. No podía dejar de pensar en cuánto le dolían las espinillas, en lo injusto que estaba siendo aquello, en lo mal que se sentía, en la manía que le tenía Rita...

Lanzó el aparato, dio dos volteretas y cuando terminó la tercera vio cómo el aro caía vertical y chocaba contra sus espinillas antes de rodar fuera del tapiz.

Se quedó inmóvil boca abajo. Lucía que estaba preparada para saltar encima de Olympia, se encogió y se quedó quieta sin saber qué hacer. Olympia empezó a llorar.

—Bueno, sabes lo que toca, ¿no? —oyó a Rita—. Vuelve a empezar.

Olympia se giró boca arriba y las lágrimas se le metieron en los oídos. Se las secó con la mano y miró el palo del techo: esa era la rabia que le hacía falta. Ya no estaba triste, solo estaba muy enfadada. Cogió el aro y empezó de nuevo.

De 1-1. De 2-2. De 3-3. De 4-4... Sus espinillas ya no sentían ni dolor. De 5-5. De 6-6. De 7-7... Estaba muy concentrada, no miraba a ningún lado, su atención estaba solo en la técnica. De 8-8. De 9-9. De 10-10. Cuando terminó, se quedó sentada en el tapiz, mirando a Rita muy seria.

—Ya puedes recoger —le dijo ella mientras cerraba el cuaderno y salía de detrás de la mesa—. Y a ver si mañana vienes más centrada.

Olympia se puso a estirar. Tenía las espinillas hinchadas y rojas, y no entendía por qué Rita se portaba así. Lucía no se había acercado: estiraba mientras la entrenadora charlaba con Clara y Cristina como si fuesen buenas amigas. Con el rabillo del ojo, Oly vio que a las chicas de conjuntos aún les quedaba un rato para terminar en su tapiz, y lo mismo a la suplente, que trabajaba en el tercero. También vio que desde el otro lado de la sala, Maya se acercaba a ella con gesto serio.

8

Los últimos veinte minutos que estuvieron las chicas en el Moscardó, mientras unas estiraban y otras completaban el entrenamiento de conjuntos, Olympia los pasó con Benigno.

Benigno era el psicólogo. Tenía un cuartito de prestado en la parte de arriba del gimnasio, con una mesa, una silla y una camilla negra, como la que usaban los fisios. Lo del psicólogo no era nuevo para Olympia —en IVEF tenían a Aurora, con quien hizo los primeros test de atención y concentración de su vida—, solo que ahora, en Madrid, a esa parte mental se le daba mucha más importancia y el psicólogo hasta viajaría con ellas a todas las competiciones. Uno más del equipo. «Llamadme Beni», les decía.

La gimnasia es un deporte muy exigente y aún lo es más en alta competición: no es solo el colegio y la dureza de los entrenamientos, también estar lejos de casa, someterte a la disciplina del equipo, a los niveles de presión... Con Beni practicaban mucho las técnicas de relajación. A las chicas les gustaba que las mandasen a hablar con él, porque además de hablar, allí arriba siempre se acababan tumbando en la camilla y aprovechaban las técnicas de relajación para quedarse dormidas. El psicólogo les decía que no lo hicieran, que el ejercicio no consistía en eso, pero ¿quién iba a resistirse?

Ese día, Maya había visto a Olympia tirada en el tapiz, agotada pero inquieta, como enfadada, y la mandó arriba.

—¡Es que no sé por qué me tiene manía! —le decía Olympia, hablando de Rita—. Yo hago siempre lo que me dice, pero todo le parece mal y...

Durante cinco minutos siguió desahogándose mientras Beni la miraba con rostro tranquilo, como hacía siempre. Era un hombre de unos cuarenta y cinco años, gordito, con barba larga y poblada, salpicada de canas. A Olympia le había contado que de joven hizo un viaje a bordo de un rompehielos; el hielo se resquebrajó y durante dos días todos se quedaron aislados y sin posibilidad de maniobra. Se llevaron un susto de los buenos; Benigno llegó a pensar que no lo contaban, y de la impresión le cambió el color de la barba. Le gustaba contarles a las chicas sus aventuras, dándose siempre un protagonismo heroico, y ellas se quedaban maravilladas. Benigno caminaba con los pies en primera posición, y si caminabas tras él, veías cómo se le flexionaban las rodillas: de no ser por su envergadura, habría parecido un bailarín. Desde el principio les había dicho a cada una de ellas que nunca contaría lo que le dijesen entre esas paredes, y Oly le creía. Cuando terminó de hablar con él esa tarde, se sentía mucho mejor.

—¿Cómo ves que hagamos una técnica de relajación, Olympia?

A ella al principio le costaba mucho meterse en los escenarios que preparaba el psicólogo. Le recordaba a cuando se lesionó el tobillo y Marta intentaba que se relajase hablándole del espacio, o de playas desiertas. Pero ahora empezaba a cogerle el gusto.

—Estás al pie de un camino que se adentra en el bosque... —empezó Beni. Y al minuto Olympia estaba dormida como un tronco. A fin de cuentas, tal y como ella lo veía, es lo que pega en un bosque, ¿no?

Si dijo algo más durante los diez minutos siguientes sobre cómo era el sitio, o si había ríos y montañas, Oly no se enteró de nada. Se despertó cuando él le dio unos golpecitos en el hombro y después de despedirse mientras hacía unos esfuerzos tremendos para no bostezar y estirarse, salió del cuartito y bajó las escaleras rumbo al gimnasio a recoger sus cosas para marcharse al chalé. A cada paso, iba notando el dolor en las espinillas.

Las escaleras daban al pasillo principal, y en el banco frente a la sala del fisioterapeuta vio a un chico sentado. Parecía musculado y tenía el pelo rizado pero corto, castaño. Se fijó en las manos: las llevaba blancas, llenas de magnesia. *Como las de Ortzi,* se dijo, y otra vez volvió a darle rabia que no se viniese a Madrid como había hecho ella. ¿Se habría ido ya al CAR de Barcelona? ¿Podría verle cuando fuese a Vitoria?

Sin darse cuenta, Olympia se había quedado quieta en el pasillo, con la vista fija en las manos blancas del chico que tanto le habían recordado a Ortzi. Hasta que el chico levantó una mano

y... ¿la saludaba a ella? Se puso igual de roja que sus espinillas, y echó a andar otra vez sin devolverle el saludo, muerta de vergüenza. Solo al pasar a su lado se atrevió a echarle un vistazo, y se encontró que unos ojos tan azules como los de Ortzi le devolvían la mirada. Ninguno dijo palabra.

Él se limitó a dedicarle una sonrisa un poco socarrona con dos hoyuelos marcados, y ella se limitó a apartar los ojos y apretar el paso mientras oía cómo se abría la puerta del fisio a su espalda. Olympia ni se enteró, pero en vez de entrar enseguida, el chico se quedó sentado y siguió mirándola hasta que llegó al final del pasillo, dobló a la derecha y la perdió de vista.

9

El chalé respiraba calma, en ese rato que tenían las chicas entre el final del entrenamiento de la tarde y la cena. Clara y Cristina estaban estudiando, porque las mayores tenían más carga de tareas. Casi siempre se ponían en el salón para estar más cerca del fijo por si las llamaba cualquiera. «Chicos», aseguraba Lucía.

Olympia y ella preferían quedarse en lo alto de sus literas, enredadas con el punto de cruz al que se habían aficionado en los meses que llevaban en Madrid. A Oly le había enseñado su abuela Margarita en Alcántara, y con Lucía volvió a recordar lo mucho que le relajaba hacer crucecitas y tratar de que la parte de delante quedara tan limpia como la de detrás. Ahí estaba el arte del punto de cruz y la búsqueda de esa perfección a la que como gimnastas estaban acostumbradas.

La semana anterior, la tableta de chocolate que les había mandado Mina —esa que pensaban racionar para que durase más—

había caído enterita en un solo día, y ahora, mientras hacían punto, volvían a hablar de comida. A Olympia le sorprendía tanta charla de chucherías, galletas o chocolates, cuando nunca antes lo había hecho. Era como si desde su llegada al equipo nacional los dulces le gustaran más que nunca.

En realidad, tenía su lógica con la dieta tan estricta que llevaban. Los padres estaban encantados porque sus hijas tomaban una comida sana baja en calorías, donde predominaban los purés, pescados, carne a la plancha y verdura, que con sus familias apenas tomaban. Aun así, Oly habría ido al colegio andando si a cambio se hubiese ganado un buen bocata de chocolate, una merienda que en casa le daban al menos una vez por semana. Lo que peor llevaban todas era no poder elegir, que fuese una comida impuesta. Tanto control provocó en algunas chicas mucha ansiedad y una fascinación por eso que sabían que estaba prohibido, hasta el punto de que guardaban todos los envoltorios de sus chocolatinas y chucherías preferidas, y los cortaban y pegaban a escondidas en un cuaderno como si fuese un álbum de cromos. Ellas no se daban cuenta, pero tanta obsesión no era nada sano.

Esa tarde, Lucía y Oly ideaban nuevas formas de esconder lo poco que podían comprarse en el quiosco de chucherías cerca de clase, porque además de que no les quedaba casi dinero, cada mañana las mayores acaparaban la ventanilla y los cinco minutos que tenían antes de que sonase el timbre no daban para mucho. Por otro lado, si no se comían todo en clase y lo guardaban

para otro momento corrían el riesgo de que Maya al entrar por la puerta del chalé les registrara las bolsas y se lo requisara con una bronca añadida.

—A lo mejor podíamos llevarnos la faja del entrenamiento que nos ponemos los días de mucho frío —propuso Olympia—. Como ajusta, podemos meter dentro un Kit-Kat, regaliz, palotes... Cosas así.

—¿Y qué pasa con Cariño? ¿Qué hacemos si viene a saludar, huele la comida y se pone a ladrar como un energúmeno?

Lucía estaba convencida de que el perro de Maya tenía superpoderes, una especie de radar de comida superdesarrollado, y sería capaz de descubrirlas en cuanto acercaran un donete a cien metros del chalé de Canillejas.

—La tableta de chocolate que mandó mi madre no la olió —dijo Olympia.

—¡Estaría resfriado! —soltó su amiga como si fuese una respuesta de lo más evidente—. Es invierno, hace frío, los perros también se constipan, ¿sabes? Pero se recuperan muy pronto. ¿Quieres arriesgarte?

—¿Y si lo escondemos entre los libros? ¿Las chucherías se pueden camuflar entre los libros? Puede que no... pero ¿en la suela del zapato?

Lucía arrugó en una mueca la nariz y se dejó caer de espaldas en el colchón mientras se tapaba la cara de ardilla con las dos manos.

—¡Puaaaaj! Caminarías muy raro. ¡Y luego sabría a queso!

A Oly le entró la risa.

—¡Kit-Kat con sabor a Cheetos!

Cuando por fin dejaron de reírse, Olympia vio que Lucía tenía una mirada extraña, ¿qué estaba tramando?

—Abajo hay un almacén lleno de comida —dijo al fin—, ahí es donde hay que entrar.

—Pero ¿cómo? Siempre tiene el candado puesto.

—Ya, pero muchas veces cuando bajo a por la ropa planchada veo que dejan la despensa abierta mientras preparan la cena, para no tener que andar abriendo y cerrando cada vez que necesitan algo.

Olympia empezaba a verlo claro...

—Podríamos ir a recoger la ropa y mientras una de las dos vigila, la otra coge lo que pueda y lo esconde entre las camisetas.

—¿Y quién se encarga de Cariño? Tiene un hocico ultrasensible, nos huele hasta los pensamientos de comida —de pronto, a Lucía le había entrado el miedo perruno, pero Oly se lo quitó de encima:

—¡No estará! Mientras hacen la comida siempre lo dejan fuera en el jardín, para que no incordie... ¡Venga, vamos a intentarlo!

Saltaron de las literas y se asomaron disimulando a la puerta de su cuarto. Se oían las voces de algunas de las chicas abajo, la tele estaba puesta en el salón... Llegó a ellas el ruido habitual de los vasos y platos en la mesa del comedor: la hermana de Maya estaba poniendo la mesa, olía a comida, solo quedaban diez minutos para la cena.

ESTO TIENE QUE ACABAR
¡...!

Si aguzaba el oído, Oly escuchaba a la seleccionadora hablando por teléfono desde su habitación, al lado de la de ellas. No pudo evitar cerciorarse de que así era, se acercó unos pasos y pegó el oído a la puerta.

—... eso tiene que acabarse, Rita... —decía Maya.

Por unos segundos, Olympia se olvidó de la Misión Tripa Llena. ¿Estarían hablando de ella? Tenía miedo de que fuese algo sobre su trabajo. Ella se esforzaba mucho, pero Rita se lo ponía muy difícil cada día, y a quien escuchaba y escucharía siempre Maya sería a Rita y no a ella.

Entonces Lucía la cogió del codo y le hizo un gesto. «¿Qué haces? ¡Vamos!», le dijo moviendo los labios.

Fuera distracciones: era el momento de centrarse en el objetivo comida. Bajaron a la lavandería y cada una cogió un montón de ropa limpia: Oly sujetaba el suyo con un brazo como una camarera, dispuesta a colarse en la despensa y esconder entre la ropa lo primero que pillara. Mientras Lucía montaba guardia disimulando tan mal que únicamente le faltaba silbar, Oly entró en la despensa. La luz estaba apagada, así que solo podía palpar en busca de algo, y en eso estaba cuando escuchó la voz de Lucía al otro lado de la puerta. Le gritaba muy bajito (sí, se puede gritar susurrando):

—¡Cariño! ¡Cariño!

—¿Sí, querida? —respondió Olympia aguantándose la risa; mientras trataba de tocar algo plano que esconder entre su ropa.

—¡No! ¡Que viene Cariño!

Olympia agarró lo primero que pilló y salió pitando del cuarto, haciendo equilibrios con la ropa como si fuese la pelota de rítmica, mientras miraba al chucho con disimulo y él las miraba a ellas con cara de sospecha.

Subieron los escalones a todo correr, cerraron la puerta y se sentaron en sus literas. Mientras Lucía cruzaba los dedos rezando por que Oly hubiese cogido algún manjar, ella levantó despacio las camisetas.

—¿En serio? ¡¡¿Galletas de perro?!!

Las dos se quedaron mirando con la boca abierta la caja de galletitas con forma de hueso. Misión Tripa Llena fallida.

10

¡Y por fin llegaron las vacaciones de Navidad! Maya les dio tres días libres: 23, 24 y 25 de diciembre. El 26 ya tenían que estar de vuelta en Madrid. Luego otra vez a Vitoria para pasar la Nochevieja, tomar las uvas en casa y el día de Año Nuevo acompañar a su padre a lo alto del Zaldiaran como hacían siempre, y el día 2 de regreso a Canillejas. Era poco tiempo libre, pero Oly estaba dispuesta a aprovechar cada día como si fuesen meses.

Le hizo tanta ilusión entrar en su cuarto, que se puso a saltar en la cama y no paró hasta que Tomás se asomó muy sonriente para decirle que la colchoneta elástica todavía no era disciplina olímpica, que él supiera. Sus padres estaban encantados de tenerla en casa y le guardaban una sorpresa. No se lo habían dicho antes, pero como la Federación Española apostaba por ella, al entrar en el equipo nacional se le había adjudicado su primera beca: una beca de trescientos euros al mes, que le iban guardando en la cartilla que le había abierto.

—Hoy nos vamos de compras —le dijo Mina el primer día.

Era toda una novedad. Salvo cuando acompañaba a su madre a por telas para los maillots, Oly nunca había ido de compras: Mina se encargaba siempre de comprar lo necesario y rara vez tenían para caprichos, así que abrió la boca y no se movió.

—No me mires así, ¡que nos vamos! —repitió su madre mientras abría la puerta de casa con una sonrisa. En el ascensor le preguntó si había algo que le hiciese falta o le hiciera especial ilusión—: Con tu dinero eres libre de comprarte lo que quieras. Con control —añadió.

Olympia no dudó en visitar la tienda de LuiSport y salieron de allí con un chándal blanco con colorines pastel y un polar largo que le llegaba por debajo del culete, y, fue un momento feliz para Oly: por primera vez en su vida eligió lo que más le gustaba sin mirar el precio, y se hizo su primer regalo de Olentzero. Esa misma tarde ya lo estaba estrenando.

David, Marta y ella se habían juntado en un parque, enfrente de la casa de las chicas.

—Y con la parte de arriba reversible. ¡Dos en uno! —les estaba diciendo Olympia, de pie delante de ellos, mientras presumía de chándal.

—A mí me encanta —aplaudió Marta.

—Muy bonito, sí, aunque el blanco es muy sucio —la chinchó David.

—¡Y yo muy limpia!

Estaban felices juntos, pero Olympia se había dado cuenta de que ahora que volvían a estar uno delante del otro, entre David y ella no había la misma química que antes de marcharse. Esos meses habían pasado de diferente manera para cada uno, con distintas amistades y preocupaciones. Con Carmen o Marta era distinto: con ellas parecía que nunca se hubiese ido pero con David... Y a Ortzi ni siquiera le había visto.

Marta le preguntó por sus compañeras, y cómo no, Olympia habló de su amiga Lucía, pero también les contó la manía que le tenía Rita, y les habló de Clara, la mejor gimnasta individual que había en el equipo, y de lo mal que se llevaba con ella y con Cristina.

—... no dijeron nada, y las dos vieron de sobra que el último lanzamiento me había salido perfecto —les estaba contando.

—¿Y eso después de lo del vestuario? Oly, no puedes permitir que nadie te pise —le decía tajante David.

—No lo entiendes. Ellas son las más veteranas y yo soy nueva, así que...

—Pero eso no significa que no te respeten. Algo hay que hacer...

David sabía lo cabezota que era Olympia, pero también lo mucho que chocaba con su inseguridad. Esa tarde los tres se fueron a comprar castañas a uno de los puestos de la calle, que olían de maravilla, y se las comieron mientras admiraban el enorme Belén que habían puesto como cada año en el parque de la Florida de una Vitoria nevada.

Como Olympia se temía, los días de vacaciones volaron y antes de darse cuenta era 2 de enero, se había despedido de las chicas de IVEF, de David y de Marta, y Tomás, Mina y ella entraban otra vez en el chalé de Canillejas. Solo que a diferencia del viaje de vuelta del día 26, en esa ocasión llegaban con unas cuantas bolsas y lo que a Lucía le pareció una caja de herramientas...

—¿Se puede saber qué te has traído? —le preguntó extrañada mientras hacía hueco para que entrasen todos en el cuarto.

Ella también había pasado las vacaciones en casa, y ahora se le notaba mucho más el acento extremeño. Clara y Cristina aún no habían llegado.

—¡Vas a flipar! —le decía Olympia mientras sacaba unas tablillas de madera y Tomás abría la caja. Y sí, era una caja de herramientas.

—Pues como no sea que tu padre va a construirnos otro armario para que entren tus cosas...

—Mejor que eso.

—¿Una casa para el jardín?

Olympia negó con la cabeza.

—¿No irá a hacerle una caseta a Cariño en nuestro cuarto? Porque si es eso, ya te digo que...

—¡Qué va! —la interrumpió Oly mientras sus padres se reían con las cosas de las chicas. Tomás había cogido un martillo y un metro y estaba tomando medidas a uno de los tablones—. ¡Nos va a hacer un cajón de doble fondo!

Lucía puso la misma cara que habría puesto si Oly llega a decirle que su padre estaba montando una minilanzadera espacial o un trampolín olímpico de doble plataforma.

—¡Como los magos, Lucía! —insistió Olympia, tan contenta que llevaba todo el viaje desde casa con una sonrisa de oreja a oreja. Le enseñó el diseño que Tomás había hecho en un papel—. Va a hacernos una tabla a medida del mismo ancho y alto del cajón. Estos cajones no llegan hasta el fondo, por eso se nos cuelan siempre los calcetines por detrás, ¿no? —su amiga asintió con la cabeza, todavía alucinada—. Pues se acabó que desaparezcan calcetines, ¡porque los vamos a transformar en comida!

—¡¿Que nos vamos a comer los calcetines?!

Lucía estaba a punto de echarse a reír. O a gritar. Todavía no lo tenía claro. ¿Primero los Kit-Kat sabor a Cheetos y ahora calcetines comestibles? ¡Qué manía tenía su amiga con lo de comerse cosas que llevase en los zapatos!

—¡Nooooo! —a Oly le entró un ataque de risa y se tiró de espaldas en su litera. Lucía también se empezó a reír. Desde allí arriba veían cómo Tomás sacaba el cajón de uno de los armarios y manipulaba la tabla mientras Mina le observaba.

—¡Pues habla claro, que no me entero!

—Mi padre va a poner la tabla, bien ajustada, y así solo tendremos que quitarla, meter nuestro cargamento de chucherías y volver a ponerla.

Ahora sí, a Lucía le quedó claro: ¡iban a tener su propio cajón secreto!

—¡Oly! ¡Es brillante!

—*Yo* soy brillante —dijo Tomás desde abajo—. Es lo que tiene tener un genio en casa, un Leonardo Da Vinci de la madera. Clavo —dijo sin más mientras ponía la palma abierta delante de Mina.

—Que no es una operación de corazón, Leonardo —le dijo Mina muy sonriente conforme se lo daba.

—Cómo que no. Es una operación de alto riesgo, a cajón abierto: un centímetro de error y adiós muy buenas. Martillo —replicó Tomás.

Olympia había bajado de la litera de un salto y había empezado a sacar tabletas de chocolate, galletas, caramelos de *toffee* y cacahuetes con miel a punta de pala su mochila.

—Y lo mejor de todo —decía mientras—, ¡traigo el cargamento!

Diez minutos después, Tomás cerraba el cajón y se ponía de pie mientras se frotaba las manos con aire satisfecho, como si acabase de construir el Guggenheim con palillos de dientes de madera.

—Listo.

Lo colocaron todo y hasta les sobraba espacio.

—Si lo llego a saber, traigo más.

—Hija, esto te tiene que durar todo el mes, ¿me oyes? —le dijo Mina mirándola a los ojos. Tomás y ella veían en Olympia esa rebeldía de su infancia, y la apoyaban, aunque siempre dentro de unos límites.

—Sí, sí...

Había llegado a un acuerdo con sus padres: ese cajón era para que dosificaran los dulces que no les daba Maya. Olympia omitió

30

que casi siempre merendaba —seguía sin perderse una merienda si al subirse al Willy llevaba sus braguitas de estampado vaquero puestas, así que ahora se las reservaba solo para las mañanas—, y que normalmente era algo de chocolate. Tampoco les dijo que eso que había en el cajón acabaría en su estómago y en el de Lucía en menos de dos semanas.

—Ya me contarás qué tal funciona —le dijo Tomás cuando se despedían en la puerta del chalé.

—¡Si no os llama Maya, es que va viento en popa!

Esa noche, con las mantas por encima de un paraguas abierto y una linterna, Lucía y Oly hicieron su primera gran merendola a la salud del cirujano carpintero Da Vinci, de la mismita Vitoria.

11

Como habían tenido tan pocos días libres en Navidad, las chicas no perdieron la forma física y no les costó nada la vuelta a la rutina. El resto de enero pasó volando, y febrero llegó al calendario.

A la vuelta de Vitoria, Olympia había empezado a trabajar en un nuevo ejercicio de pelota, con una música muy dulce. Lo que más le gustaba de ese aparato era que trabajándolo bien podía llegar a sentir que la pelota formaba parte de su cuerpo, como si fuera una prolongación de ella misma. El ejercicio comenzaba con un encadenamiento de rodamientos en el suelo, y al final tenía un lanzamiento con dos volteretas y recogía la pelota envolviéndola con la pierna, y se quedaba sobre ella. La música terminaba justo con la recogida y eso era lo más difícil de todo: no agobiarse con la música, en especial cuando llegaba justa, porque podía perjudicar su concentración y hacerle fallar la recogida. Le encantaba ponerle ese punto de tensión al ejercicio, aunque sabía que su padre lo iba a pasar fatal al verla competir.

—¿Es que quieres que se me salga el corazón por la boca? Podías pensar un poco en tu padre —le había dicho cuando se lo explicó por teléfono.

—Es como si la pelota cayera a cámara lenta, como si pareciera que nunca va a caer del todo, y de repente la recojo, y es... —Oly no sabía cómo explicarlo, para ella era una sensación adictiva; todavía más adictiva que el chocolate o las patatas alavesas—. Te va a encantar, aita. ¡Vas a saltar del asiento, ya verás!

—Directo a urgencias —le decía Tomás.

—Te voy a tener a tilas hasta abril —oía Olympia a su madre, al otro lado del teléfono.

Era la sorpresa que les había dado Maya a todas al regreso de las vacaciones:

—En abril tendréis el primer control, chicas —les había dicho la seleccionadora mientras estiraban en el tapiz del gimnasio.

—¿Qué es un control, Lucía? ¿Un control de *dopping...?* —le preguntó Olympia en bajito a su amiga extremeña mientras se preguntaba si los Toblerone o los kikos darían positivo.

—Nooooo, es un control de gimnasia, como los exámenes —susurró ella.

A lo largo de esos meses habían invertido todo el tiempo en montar los ejercicios, trabajarlos, afianzarlos sin ninguna prisa. Ahora ya los tenían: aro, pelota, mazas y cinta. Cada vez se las veía más cómodas con ellos, cada vez los entrenamientos eran más efectivos. Olympia seguía registrando su trabajo en el cuaderno: sabía que llevar el control de su trabajo a la hora de afrontar la competición era uno de sus puntos de apoyo, e iba a aprovechar todos los que pudiera.

Llegaba el momento de superar un control interno, al que asistirían los padres y también las jueces que la directora técnica veía convenientes para puntuar y valorar los ejercicios. De ese tipo de controles salían los cambios que tendrían que hacer para mejorar el resultado final de los ejercicios. Maya aún no había hablado de los objetivos con ellas pero ese control era el principio de todas las decisiones, empezando por qué gimnastas iban a representar a España como integrantes del equipo nacional en las próximas competiciones internacionales, preparatorias para las grandes citas del año... Sobre todo sería el primer paso para poder representar a su país en el campeonato de Europa en junio y en el campeonato del mundo en octubre.

Dónde se celebraría era aún un secreto y Oly y Lucía hablaban a menudo de eso mientras tomaban chucherías de su arsenal secreto. De eso, o de qué se iban a poner para los carnavales, que estaban a la vuelta de la esquina. O mezclaban las dos cosas, como estaban haciendo justo en ese instante en clase de Inglés, mientras abrían una bolsita de cien gramos de kikos recién comprada.

—Podíamos disfrazarnos de koalas... —decía Lucía—. Es mi animal favorito. ¿Te imaginas que viajásemos a Australia?

—Dicen que huelen fatal y son ásperos. ¿Y si fuésemos a Japón? El domingo podíamos prepararnos un kimono —susurraba Lucía mientras el profesor de Inglés olfateaba con cara de extrañeza y al final no decía nada porque ¿quién iba a estar comiendo kikos a las nueve de la mañana?

Al día siguiente era viernes de carnaval y en el colegio todos estaban haciendo planes para quedar el fin de semana e ir disfrazados. Cada vez que había una propuesta, Olympia y Lucía miraban a otro lado, como si les diera vergüenza decir que sus entrenamientos les impedía hacer los planes de cualquier chica de su edad. Por suerte, ahora que estaba Lucía, Olympia ya no se sentía desplazada en clase y además todos los alumnos del colegio trataban a las chicas de gimnasia con un cariño especial.

El problema lo tenían con los disfraces: no sabían cómo apañárselas sin sus madres allí para que les hicieran el traje y tenían que tirar de imaginación.

—El año pasado yo me disfracé de camarera con patines, que para algo me los echó el Olentzero —decía Olympia en busca de ideas—. Y el anterior, de mariposa.

Mina le había puesto el mono de lana rosa que usaba para entrenar y unas botas rosas de goma para el agua. Luego había hecho unas alas con unas cartulinas rosas, y se las había fijado a la espalda con unas gomas que usaba para meterle al maillot y que no se le metiera por el culete. Y para rematar, había cogido una diadema, le puso unas antenas con muelles y arriba unos pompones rosas como antenas, y listo.

—Pues a mí me disfrazaron de dado. Muy bonito, pero no veas la de veces que me cogieron los de clase para tirarme rodando...

Olympia se imaginó a Lucía metida dentro de un dado gigante y casi se le escapa la risa. Tosió un poquito, para que el profesor de Inglés no se diera por enterado. ¿Te imaginas? «¡Ha salido un seis, tiras otra vez!».

—Podíamos disfrazarnos de huevo frito.

—Tú de huevo y yo de patata frita. Mmmm —dijo relamiéndose la extremeña. Huevos fritos con patatas, y de entrante migas del pastor. ¡Su plato preferido!

—Serías como la Señora Potato.

—Pero yo no me desmontaría.

—Pues yo creo que ya has empezado a perder la cabeza... —le dijo al ver cómo rebañaba la bolsa de kikos, que se había vaciado en menos de lo que tardaban en hacer dos diagonales a zancadas, de las que les mandaba la profesora de ballet a diario.

—¿Y si nos disfrazamos de gimnastas?

—¿Y qué gracia tiene disfrazarse de lo que somos?

—De algo tenemos que disfrazarnos, aunque seamos las únicas.

En casa le parecía todo mucho más fácil, bastaba con subir al desván y revolver en el baúl que guardaba año tras año los trajes de carnaval y disfraces que habían utilizado sus padres. Resopló fastidiada con cara de ardilla.

Olympia se quedó mirando la bolsa de chucherías, muy concentrada.

—A lo mejor se me acaba de ocurrir algo...

12

De toda la semana, el domingo era el único día de descanso. Las chicas aprovechaban la mañana para hacer los deberes, y si con un poco de suerte los padres de alguna de ellas venía a verla, montaban la jugada perfecta. Sobre todo para las chicas de quince y dieciséis años.

Estaba todo organizado: las mayores le decían a Maya que se iban a dar una vuelta con los padres de esa gimnasta y salían con ellos del chalé, pero al doblar la esquina se separaban de los adultos —que no se habían enterado de nada—, cogían el metro, que estaba muy cerca, y se iban a La Vaguada, un centro comercial enorme que tenía cines y un montón de tiendas donde entraban a probarse ropa que luego no se compraban. Merendaban y justo cuando su compañera volvía con sus padres, se reunían como por casualidad y llegaban al chalé todas juntas. Se arriesgaban a una buena si las pillaban, pero por suerte para ellas la seleccionadora no se había enterado nunca.

Ese día terminaban los carnavales y Lucía seguía intentando adivinar qué idea se le había pasado a Olympia por la cabeza para la tarde.

—¿De momias? ¿De fantasmas? ¿De brujas blancas? —la bombardeaba a preguntas mientras Oly revolvía las sábanas de la cama.

—¡Espeeeeera! —le repitió ella mientras bajaba de la litera—. En tres minutos lo verás.

Necesitaba ir a buscar algo a la lavandería.

Las dos bajaron las escaleras y pasaron por delante de la puerta de sus compañeras de conjunto, que estaba entreabierta. Algunas de las mayores iban a salir, aprovechando que habían ido los padres de otra de ellas. Estaban poniéndose muy guapas; se maquillaban los ojos, e incluso los labios. Clara se los pintaba de rojo al tiempo que Cristina y ella hablaban de un par de chicos —a Olympia le pareció oír que hablaban de «Mario y Adrián»—, con los que habían quedado en quince minutos en la boca del metro. ¿Y qué era eso que estaba haciendo Cristina mientras?

Oly se frenó en seco. Lucía, que iba justo detrás, se pegó un golpetazo contra ella.

—¡Ay!

—Chissst —la calló Oly, espiando tras la esquina de la puerta.

A un par de metros, de pie delante del espejo interior del armario, Cristina sacaba algo de su mochila y se metía gomaespuma, de esa de los cojines, en un sujetador que no rellenaba.

—¿Crees que lo notará? No, ¿verdad? ¿Da el pego?

Olympia recordó la situación que había vivido en el vestuario hacía solo dos meses. Por culpa de ese comentario de Cristina, había llegado a pensar que su cuerpo no se correspondía con su edad, pero tras ver el comportamiento de su compañera entendió que todo aquel numerito en el vestuario era... pues eso, solo un numerito. ¿A qué habría venido?

Lucía asomó la cabeza por encima de ella y Oly oyó un «oh» aspirado por encima de su hombro; le había leído el pensamiento.

—¡Y luego te dice a ti que dónde vas! Está claro que te tiene envidia.

—¿¿A mí?? —eso sí que no lo entendía—. No, seguro que no —masculló mientras Lucía se reía de que la veterana utilizase gomaespuma para «eso».

Ahora que las habían visto arreglarse para salir, disfrazarse pasaba a un segundo plano. Oly quería seguirlas para saber con quién habían quedado, así que se sentaron disimulando en las escaleras de la entrada y cinco minutos después, cuando las mayores salieron del chalé, se escabulleron detrás de ellas sin decir nada. Parecía una de esas películas americanas de espías, solo que Cristina y Clara iban tan a lo suyo que no se habrían enterado de que las seguían ni aunque hubiesen hecho un doble mortal con redoble de timbales delante de ellas.

Entonces llegaron a la boca del metro y Olympia los vio: allí estaban los dos chicos... y uno de ellos era el chico del banco en la puerta del fisio. Pues justo a por ese fue directa Cristina. Lo agarró del brazo mientras Clara saludaba al otro chico —que era más delgado pero también parecía de artística— y se metieron boca de metro abajo.

—¡Es su novio! —dijo Lucía mirando al chico y a Cristina. Le entró la risa tonta.

—¡No es su novio!

Olympia lo había dicho sin saber muy bien por qué. *Y si lo es, ¿a mí qué me importa?*, pensó. Y luego lo pensó un poco mejor. Estaba intentando entender por qué le había sentado mal, cuando vio que Lucía echaba a andar hacia las escaleras.

—¡Vamos a seguirlas y lo descubrimos! —le estaba diciendo.

A Olympia casi le da un telele.

—¿Qué? ¡No! —ya habían ido demasiado lejos—. ¡Espera!

¡Su amiga pensaba que era Sherlock Holmes! Estaba metida en el papel de detective, así que a Oly le tocó correr detrás de ella hasta pillarla justo antes de los tornos de entrada. Cuando llegaron al final de las escaleras, vieron que Clara y uno de los chicos ya habían pasado; Cristina buscaba el bonometro y el otro chico, el del fisio, se había quedado con ella y le rodeaba el hombro con el brazo.

—¡Te lo dije! —gritó Lucía antes de que Olympia le tapase la boca con la mano. Tarde: Cristina las había visto.

—¡Eh, vosotras dos!

Fue como si Hermione Granger hubiese hecho un *Petrificus Totalus*. Solo que para Olympia, Cristina era más un Dementor capaz de absorber todo el buen rollo que hubiese en una sala. Lucía y ella se quedaron clavadas en el sitio mientras la veterana se les acercaba con cara de trituradora humana.

—¡Me estáis siguiendo!

—Es que íbamos a... —Olympia tragó saliva. ¿Qué decía?—. Estábamos buscando inspiración para... —*¿para qué?*—. No sabíamos que vosotras os... Hemos venido a... —*piensa, piensa, piensa*—, ¡a escuchar a ese del violín que siempre está en el metro! —se le ocurrió al oír unas notas a lo lejos—. Y eso... aquí estamos —*ha salido bastante bien,* se decía justo cuando Lucía decidió volver a abrir la bocaza:

—¿Sois novios? —preguntó de pronto.

A Oly le entraron ganas de ponerse a cavar y abrir un túnel que la dejase en su cuarto de Vitoria, pero, para su sorpresa, el chico del fisio soltó una carcajada y Cristina se quedó tan sorprendida con la pregunta, que se limitó a bufar y darse la vuelta hacia donde los esperaba Clara.

—¡Anda, Mario, vámonos! —le dijo al chico.

Él se retrasó unos segundos, mirando a Olympia. Luego le dijo adiós levantando la barbilla, y se fue, todavía con su sonrisa socarrona y los dos hoyuelos marcados en las mejillas.

De vuelta al chalé, Oly y Lucía fueron comentando la jugada. Mientras su amiga hablaba y hablaba, ella seguía pensando en las veteranas, y en que ningún chico se fijaría en ella, y en si de verdad su pecho habría despertado alguna envidia, y en que ese Mario tenía una sonrisa muy bonita, y en que se había ido con Cristina... Pero no estaba dispuesta a fastidiarse el domingo de carnavales.

En cuanto llegaron a la puerta, cogió de la mano a Lucía y la arrastró hasta la lavandería, decidida a retomar el plan inicial de la tarde. Allí cogió un par de fundas de almohada de un montón de ropa de cama apartada. Solo podía compensar esa situación del metro riéndose de ella misma. ¡A divertirse!, pensó conforme subían las escaleras rumbo a su cuarto.

—¿Se puede saber qué haces, Oly? —alucinaba Lucía.

—Quítale tú también la funda a tu almohada. Necesitamos otra...

—¿Para qué?

—Tú quítala.

Lucía sacaba la lengua mientras trataba de rescatar la funda, que estaba muy ajustada. Sus camas eran de noventa centímetros y las almohadas también.

—Y ahora le ha dado por sacudir los ácaros —decía Lucía para sí misma.

—Tú espera y verás, que vamos a tener el mejor traje de carnaval y sin gastar un euro.

Quince minutos después, la seleccionadora empezó a oír ruidos raros. Como golpes de mazo, pero bajitos. *Pum... Pum... Pum...* Rítmicos. Estaba en el salón y comprobó el volumen de la tele, luego miró a las cuatro chicas de conjunto que se habían quedado y veían vídeos en internet o leían. De ahí no venía el ruido. *Pum... Pum... Pum...* Una de las chicas levantó la cabeza, también ella lo había oído.

—¿Niñas? —llamó con su acento búlgaro—. ¿Todo bien ahí arriba?

—¡Sí, sí! —respondieron a la vez Olympia y Lucía.

Pum... Pum... Pum... Maya se levantó y se asomó al vestíbulo, con Cariño al lado; detrás se asomaron otras chicas. Desde allí vieron cómo dos siluetas extrañas enfundadas en dos fundas de almohada cada una bajaban peldaño a peldaño. *Pum...* A saltos con los pies juntos, porque las fundas de almohada no les permitían dar un solo paso.

Maya las recorrió con la mirada de abajo arriba. Punteras blancas, fundas blancas, papel Albal en el cuello a modo de envoltorio, la cara pintada de verde y un gorro de piscina también de color verde cada una coronando las cabezas.

—¿Se puede saber de qué narices os habéis disfrazado? —les preguntó la seleccionadora mientras las chicas y el chucho las contemplaban sin entender lo que veían.

Oly y Lucía se pararon en el tercer escalón y se miraron como si fuese de lo más obvio. Pero si estaba claro...

—De Chupa-Chups de manzana —explicó Olympia, un poco avergonzada.

Y por primera vez desde que llegaron a Madrid, oyó cómo sonaba la risa de la seleccionadora.

13

En el chalé había una norma no escrita pero muy clara: si llamaban por teléfono, lo cogían las mayores. Por eso cuando empezó a sonar y sonar y sonar aquella tarde de marzo y nadie contestaba, Olympia se asomó al salón a ver qué pasaba. Las veteranas estaban ocupadas arreglándose. *¿Lo cojo yo?*, pensó. A ella sus padres siempre la llamaban sobre la misma hora y aún era pronto pero... Se acercó a la cabina y descolgó.

—¿Hola?

—Hola, quería hablar con Cristina, por favor... —dijo un chico al otro lado.

—Sí, espera, que la llamo.

Iba a dejar el teléfono apoyado en el soporte cuando oyó que el otro decía algo y volvió a acercárselo a la oreja.

—... casualidad Olympia, ¿no? —le preguntaba con cierto interés.

—¿Qué? —oyó una risa amable.

—Que si no serás por casualidad Olympia. De individuales...

—¡Sí! —a Olympia le hizo mucha ilusión que alguien a quien no conocía se supiera su nombre y preguntase por ella. Tal vez por las ganas que tenía de ser aceptada.

—Me alegro de saludarte. Te he visto por los pasillos del Moscardó.

Oly se puso roja al teléfono. *Menos mal que no puede verme nadie,* pensó mientras se daba la vuelta para quedar de espaldas a la puerta de la cabina: prefería que no la viese nadie que pasara por el vestíbulo. Y el chico del teléfono, ¿quién era? En realidad, no había mucho que pensar. Todas las quinielas apuntaban a que era el chico de la magnesia en las manos, con pelo rizado corto y ojos azules, el mismo que estaba con Cristina en el metro. El mejor gimnasta del Moscardó... Y el que tenía una sonrisa tan bonita. Se arriesgó:

—Eres Mario, ¿no? Yo, esto..., he visto vídeos tuyos —le soltó de golpe, sin saber qué otra cosa decir.

—¿Y lo hice bien?

—¡Muy bien!

Él lanzó una carcajada igualita que la de la tarde del metro.

La semana siguiente a carnavales, Olympia había entrado en YouTube para ver ejercicios suyos y era muy limpio, con una técnica muy pulida, sobre todo en la barra fija y las paralelas. En suelo y salto iba algo más flojo; había oído que arrastraba un dolor de rodillas constante desde hacía años.

—¿Por qué no te pasas por nuestro gimnasio una tarde y ves un entrenamiento? —le preguntó Mario.

—Me encantaría, pero creo que no podemos ir a vuestra sala.

—¿Y qué cosas os dejan hacer aparte de escuchar conciertos del violín bajo tierra?

Olympia estaba empezando a entablar una conversación agradable con él cuando oyó unos pasos y al girarse vio la cara de Cristina al lado de la cabina. La sonrisa se le borró de golpe.

—Creo que la llamada era para mí, ¿no? —le dijo su compañera de cuarto al tiempo que extendía la mano para que le diera el teléfono.

De los nervios, Oly ni se despidió: soltó el aparato y se fue escaleras arriba a su habitación. Estaba harta de esa rivalidad. Ella no la había buscado nunca. Primero la frialdad con que la habían recibido las dos veteranas, luego la situación del sujetador, el desplante cuando Rita le hizo repetir el último lanzamiento porque ellas no la apoyaron, ahora la forma en que le había pedido que cortara su conversación telefónica... No estaba a gusto con todo aquello.

Entendía que las cuatro gimnastas que había en individual querían representar a su país internacionalmente y para ello tenían que demostrar cada día sus ganas y su capacidad de mejora frente a las otras tres. Para las veteranas, Lucía y Olympia eran rivales, y fuera del tapiz se lo estaban demostrando a las claras, pero Olympia ya se había cansado de pensar en qué podía hacer para arreglarlo.

Se tiró en la litera. Cristina tardó diez minutos en subir.

—Oye, mocosa, ¿de qué va todo esto? —le soltó sin más.

—¿El qué? —si le hubiese preguntado de sopetón qué nivel de dióxido de carbono hay en Marte, no se habría extrañado más.

—Como vuelvas a hablar con Mario, la vamos a tener —le dijo con el índice en alto antes de salir de la habitación.

Olympia se quedó en el sitio otros cinco minutos, cada vez más enfadada y roja como la capa de Superman recién salida de la lavadora. Luego se decidió.

De un salto bajó al suelo y fue directa al armario de la derecha, con el corazón latiéndole a toda prisa en el pecho. Sabía exactamente lo que buscaba. Lo cogió, lo envolvió bien, lo guardó en su mochila y al día siguiente acabó en un cubo de basura de la calle Segre. ¿Quería guerra? Pues guerra.

El domingo siguiente, cuando las mayores se preparaban para salir, llegaron a Olympia las primeras voces de Cristina, hecha un manojo de nervios, y algunas risas de su amiga Clara, que se tomaba aquello a la ligera.

—¿Por qué sonríes? —le preguntó Lucía.

Estaban las dos en su habitación, con el punto de cruz a cuestas. Olympia no contestó, pero pensó que ese día Mario iba a ver menos gomaespuma de la que le hubiese gustado a Cristina.

SMiLE!

14

Entre las rutinas que permanecían día tras día tras día, la del Willy se había ido convirtiendo cada vez más en la pesadilla de algunas de las chicas. Maya se empeñaba en arrastrar el método de la antigua Unión Soviética, donde pesaban a las gimnastas a diario e incluso a veces, por la mañana y por la noche.

La gimnasia podía ser muy estricta con este tema, pero no era un caso único: Olympia había oído que en otros deportes como el taekwondo llegaban a hacer auténticas barbaridades para llegar al peso máximo de competición en función de la categoría: a veces se tiraban sin comer ni beber un par de días, o se acostaban con plumíferos para sudar por la noche. Algunas gimnastas tomaban ejemplo de esas locuras y llegaban a darse baños de agua caliente para sudar como si de un baño turco se tratara, sin que nadie se enterase o les dijese lo perjudicial que podía ser para ellas.

Con todo lo que había evolucionado el deporte en algunos aspectos como en la psicología y en cambio se había quedado obsoleto en esto del control de peso y la salud.

Eso lo supo Olympia durante su primer año en Canillejas, cuando Lucía y ella se vieron arrastradas a la obsesión que se respiraba en el chalé por la comida y las chucherías compradas a escondidas de Maya. Lo que pasa es que tanto cuidar la dieta al milímetro en apariencia y comer guarrerías por detrás al final acabó reventándoles en la cara. Como cuando haces un globo de chicle que se infla mucho mucho mucho y al final te pringa de arriba abajo.

Fue una mañana de abril, con todas recién levantadas y en la fila para pasar por el Willy. Ese sábado Maya estaba especialmente seria. Subía una a la báscula, miraba cuánto marcaba, apuntaba, no decía nada. Subía otra, miraba el peso, apuntaba, no decía nada... Las chicas lo notaban. Hasta Cariño lo notaba, y se quedó sentado sobre los cuartos traseros al lado de la seleccionadora, en plan guardián, como si se creyera un doberman pigmeo.

Las diez terminaron de pesarse, pero del salón no se movió nadie. Maya miraba el cuaderno y recorría adelante y atrás las páginas, comprobando los datos desde enero. ¿Cómo era posible?

Ya hacía al menos diez días que ninguna de las mayores pasaba del yogur y la fruta en la cena, y hasta las más pequeñas estaban cogiendo peso: Olympia y Lucía se habían quedado sin merendar dos días de esa semana, y eso que Lucía seguía subiendo al Willy con el pie derecho y Oly se había pesado con sus braguitas amuleto. Maya cogió un cabreo monumental.

¿CÓMO ES POSIBLE?
?!

Lejos de quitarle importancia, reunió a las chicas por habitaciones para hacerles un registro y coger toda la comida que tenían escondida.

Empezó por la del conjunto. Les hizo abrir los cajones y al ver el volumen de alguno de los calcetines los hizo desparejar y de allí salieron Mars, Twix, Snikers... Fue solo el comienzo. Salieron tabletas de chocolate entre las carpetas del colegio; los estuches de pinturas estaban llenos de tronquitos de chuchería; debajo del colchón aparecieron unos cuantos paquetes de galletas aplastadas; en los cojines con cremallera, bolsas de Conguitos de chocolate blanco.

Sin decir una palabra —que asustaba todavía más—, Maya llenó una bolsa y no quedó ahí. Las literas estaban lo bastante cerca del techo como para meter más cargamento en la rendija del aire acondicionado; la seleccionadora subió a lo alto y bajó con más botín en las manos. Hasta llegó a descubrir una bolsa de congelados llena de gominolas dentro de la cisterna. Eso ya fue el colmo. Pero ni siquiera entonces Maya dijo nada.

Desde el umbral, las chicas observaban todavía en pijama y abrieron pasillo con la mirada fija en el suelo para dejar pasar a Maya cuando salió de allí y se dirigió escaleras arriba hacia el cuarto de Olympia, Lucía, Cristina y Clara.

—Nos va a pillar. Nos va a pillar. Nos va a pillar —repetía Lucía, que iba pegada a la espalda de Oly.

Ella también estaba preocupada. No es que tuviesen mucho, tampoco podían permitirse comprar algo todos los días, pero guardaban al menos una bolsa de Conguitos y otra de kikos. «Para emergencias», decían ellas, como si su vida fuese a depender de tener provisiones de chucherías a mano.

Cariño ya había entrado en el cuarto y le oía olfatear como loco. Para sorpresa de las más pequeñas, Cristina se adelantó y se dirigió al cajón de donde salía la comida.

—¡Pero tú has visto! —se indignó Lucía.

La relación con la veterana cada vez era más tensa. Nunca pudo probar que ellas dos le habían jugado una mala pasada con la gomaespuma, pero se lo olía, y estaba buscando problemas todo el día.

—Es mejor que te ocupes de tu peso —le dijo la seleccionadora con el mismo tono tranquilo que a Olympia le estaba poniendo los pelos de punta. Aun así se sintió un poco mejor: estaba claro que a Maya no le había hecho ninguna gracia esa actitud de chivata de Cristina.

Mientras Cariño olfateaba cerca del armario como loco, Maya fue sacando lo que había dentro del cajón: braguitas, camisetas interiores, calcetines... Hasta abrió cada par de calcetines igual que había hecho con las mayores. En realidad, le importaba poco el aumento de peso de las pequeñas, pero no quería hacer diferencias y necesitaba saber si Olympia y Lucía habían seguido los peores hábitos de las veteranas. Vació el cajón entero... y para sorpresa de Cristina, no encontró nada. *Bien, aita, bien,* decía para sí Olympia.

Cariño insistía.

—¿Guardaste algo en el armario, Oly? —le preguntó la extremeña, hecha un flan, y ella se encogió de hombros porque no estaba segura. ¿A lo mejor se había olvidado de sacar algo de la mochila?

Maya acarició la cabeza del chucho y le echó atrás unos pasos mientras abría la puerta. Cristina y Clara parecían encantadas. A Oly y Lucía les temblaban un poco las piernas.

La seleccionadora levantó una camiseta que estaba en el suelo, miró dentro de las mochilas, abrió una sudadera doblada... y ahí estaba. Cogió algo y se dio la vuelta hacia las pequeñas.

—¿Y esto?

Lucía casi se pone a llorar, pero antes de que lo hiciera contestó Olympia:

—¡Son para Cariño! Es que nos gusta mimarlo un poco. Es tan... simpático.

Y se quedó callada intentando disimular que no se lo creía ni ella, mientras Lucía la miraba con cara de «¿desde cuándo es simpático ese radar de comida con pelo?», y la seleccionadora le daba a su perro una de las galletas con forma de hueso que llevaban olvidadas dentro del armario desde diciembre.

En el registro del cuarto, las únicas que salieron perdiendo fueron las veteranas. Maya salió de su zona con otro pequeño botín que habría roto los esquemas de los amantes de la vida sana. Una vez acabó, las reunió en el salón y vació las bolsas con todo lo que había encontrado. Era una montaña bien grande de comida.

¿VEIS ESTO NORMAL?

—Con eso teníamos para un terremoto —susurró Lucía.

—Y un apocalipsis zombi —añadió Olympia.

Maya aún permaneció en silencio dos minutos eternos.

—¿Veis esto normal? —dijo por fin—. ¿A alguna de vosotras le parece normal?

Y mientras lanzaba esa pregunta, a Olympia le dio la impresión de que en realidad la seleccionadora se la estaba haciendo a sí misma. Aquella situación había llegado a su límite. Maya no les echó ninguna bronca. Se quedó mirando la montaña de comida unos minutos, en silencio, para después decir:

—Que cada una coja lo que es suyo.

Las chicas recogieron su botín con miedo y a cámara lenta al tiempo que se miraban de reojo. No entendían nada. Esa mañana, en el desayuno solo se oyeron los tintineos de las cucharas.

15

Habían pasado dos semanas justas desde aquel sábado de abril y de pronto había llegado el día clave para Olympia. El día del control. El día de realizar ante sus padres y un grupo de jueces los ejercicios que llevaba meses perfeccionando. Unos las verían desde las gradas de teatro del Moscardó; las otras, a pie de tapiz, escudriñándolas. Estaba muy nerviosa y no era la única.

Las chicas eran unas charlatanas. Hablaban por los codos a todas horas, pero hoy estaban muy calladas. A Olympia le recordó a esas mañanas antes de sus campeonatos provinciales y autonómicos. Estaba a punto de afrontar su primera prueba como integrante del equipo nacional y era difícil guardar la calma: quería competir internacionalmente y esa era su oportunidad.

Se prepararon en el chalé y el aire se llenó de perfume de laca y de pequeños codazos para poder entrar en el espejo del baño que tocaba para cuatro. El peinando para el control tardaba más en hacerse que la coleta o el moño de entrenamiento.

También el maquillaje contaba: Olympia quería que sus padres la vieran guapa y que pudiesen ver sus ganas y su expresión, y se centró en sus ojos color miel: se dibujó sobre los párpados unas pestañas que a lo lejos harían que los ojos parecieran aún más grandes de lo que eran.

Cuando llegaron al gimnasio, la primera sorpresa: en el perchero donde colgaban sus abrigos y sudaderas destacaban un montón de maillots llenos de luz y de colores. Las chicas se quedaron deslumbradas. Olympia jamás había visto tanto cristal de Swarovski junto, salían destellos de todas las tonalidades que chocaban contra las cristaleras: parecía el Times Square de Nueva York. ¡Los maillots nuevos habían llegado! Cada una tendría uno que estrenar en el control.

Olympia corrió a por el suyo: era un maillot de nata y fresa, con una faldita corta; la había añadido sobre la misma idea del que preparó Mina el año pasado... Era bonito, elegante y dulce al mismo tiempo, como su postre favorito. Muy diferente a los que se hacía en Vitoria. Se acordó de golpe de ese proceso creativo con su madre, de las dos recorriendo los cajones en oferta en Telas al Peso, haciendo el patrón mientras Pili la tumbaba en el suelo y marcaba con tiza la silueta, como si fuese un aprendiz del CSI... Todo eso había desaparecido. Solo había tenido que diseñarlo y allí estaba colgado. Le dio un poquito de pena, pero se le pasó al momento.

Decidió que guardaría el maillot rosa para la pelota, como se lo había imaginado desde el primer momento, desde que

soñó en diciembre con los indios y su cacería de caramelos. Los tres primeros aparatos los haría, igual que las otras chicas, con la ropa de entrenamiento.

Hicieron un calentamiento rápido en la barra de ballet más corta y pronto cogieron los aparatos. Las puertas de arriba se abrieron justo cuando terminaron de preparar el último de ellos; por ella entraron los padres, y todas se distrajeron un segundo, buscando cada una a los suyos. Mina y Tomás la saludaron desde arriba muy contentos: él era muy alto, no costaba verlo.

Maya habia hecho un sorteo para ver en qué orden hacían sus ejercicios. A Lucía le tocó ser la primera, luego Cristina, a continuación Clara y cerraba Olympia.

Durante la hora siguiente, Olympia solo tuvo que preocuparse de cambiar la dirección de sus ejercicios hacia las jueces, que estaban a pie de pista, y el público. Su situación era muy distinta a la del IVEF y le costaba mirar arriba y encontrar a sus padres entre todos. Quería que estuvieran orgullosa de ella, pero no sentía la misma confianza. Aun así logró hacer aro, cinta y mazas sin grandes fallos, muy atenta y concentrada. Trataba de pensar en cada lanzamiento y dificultad, hacerlo todo lo más correcto posible. Hasta que llegó la pelota.

Cuando se puso el maillot nuevo, pensó que el hada madrina de Cenicienta había cumplido sus deseos, y a Mina desde las gradas le brillaban los ojos al ver a su hija con un maillot como ese.

Acababan de terminar las de conjuntos —que habían estrenado su maillot con poco éxito— y Oly y Lucía se concentraban mientras Cristina le señalaba a Clara lo mal que dos de sus compañeras lo habían hecho.

La extremeña salió al tapiz con la barbilla alta y enfundada en un maillot de estilo español con topos negros sobre blanco y rojo, y con Swarovskis. Le quedaba el aro. Lucía era una gimnasta con un movimiento corporal sutil y bonito, acorde con su carita de ardilla, pero le costaba coger altura y cuando tenía que lanzar en salto, utilizaba toda la fuerza del cuerpo para que el aparato se elevara y a ella le diera tiempo a hacer el riesgo debajo, lo que muchas veces le llevaba al fallo. «Para un lanzamiento correcto hay que aprovechar la fuerza de la subida al salto, para que el aparato coja altura. Tienes que bloquear el brazo y la muñeca en la dirección que quieres que vaya el aparato y conseguirás la distancia que quieres», recordó Olympia las palabras de Iratxe. Lucía no pudo aplicar el consejo debido a la poca fuerza que tenían sus saltos: su aro salía de la mano cuando ella ya estaba bajando. Por eso falló el lanzamiento con las dos volteretas que recogía tumbada boca arriba por debajo de las piernas. Le costó recuperar el resto del ejercicio y al final salió disgustada, aunque se le pasó pronto: los otros tres sí habían sido buenos.

Después le tocó el turno a Cristina. Era una gimnasta con muchas condiciones corporales, pero su irregularidad en los entrenamientos hacía que no se vieran y menos en un control cuando hay nervios de por medio. Desde el principio del ejer-

A VECES LAS COSAS SE PONEN DEL REVÉS...
PERO NO POR ESO PIERDES EL EQUILIBRIO.

cicio se tambaleaba en los equilibrios; ni siquiera terminó bien el giro en dorsal, que era la dificultad que mejor hacía, aunque lo disimulaba con su fuerte carácter haciendo ver que no pasaba nada. Era de esas gimnastas incapaces de admitir una crítica y salió del tapiz con la cabeza bien alta a pesar de los fallos.

Clara le hizo un gesto con el pulgar levantado antes de dirigirse al tapiz ella misma. Era una gimnasta muy coordinada y a pesar de su actitud, había algo en ella, en su forma de moverse, que a Olympia le encantaba. Tenía muy bien adquirida la técnica del lanzamiento por detrás de la espalda con todos los aparatos y le cogían gran altura; solo le faltaba amplitud en los saltos, en las piernas en general, pero en cambio tenía una potencia de salto muy buena y retenía muy bien los saltos en el aire. Clara hizo un ejercicio sin fallos e incluso antes de que dejase de sonar la música, solo con ver la cara de alegría de Rita, Oly tuvo claro que la veterana se había asegurado una de las plazas para el viaje internacional de mayo.

Había llegado la hora.

Olympia expulsó con fuerza el aire, adelantó el pie derecho y se dirigió al tapiz, y justo cuando estaba a dos metros, Cristina se cruzó por delante para ir a abrazar a su amiga Clara e interrumpió su concentración y su paso. Si hubiera sido cualquier otra, a Olympia no le habría afectado en absoluto, pero estaba segura de que lo había hecho adrede para molestarla.

Sin quitárselo de la cabeza, se colocó acurrucada envolviendo la pelota rosa, a juego con su maillot, como si fuera a dormir.

Comenzó la música y con ella una cadena de rodamientos en el suelo, y ya iba a enlazar el último y a rodarla desde su vientre a los brazos cuando se dio cuenta que algo no iba bien. ¡Era la falda del maillot! La pelota había quedado envuelta con la falda del maillot y no lograba que rodase.

La música seguía y ella continuaba atascada en ese movimiento, hasta que reaccionó y con la otra mano quitó la falda, lanzó la pelota en su primer riesgo que recogió en dorsal, fuera del campo visual, y fue en ese instante cuando le vino a la mente la frase que llevaba grabada en sus punteras: «A veces las cosas se ponen del revés... pero no por eso pierdes el equilibrio».

Aquel pensamiento le ayudó a olvidarse de los nervios relacionados con el querer hacerlo bien, querer demostrar más de lo que realmente podía y hasta desapareció de un plumazo el mal rollo que había causado la veterana. Es como si le hubiera aliviado. Terminó el ejercicio con las dos volteretas y en la recogida envolvió la pelota con la pierna y la encajó debajo del culete antes de adelantar el tronco y alzar la vista a las gradas. La música acabó en el mismo segundo en que localizó a sus padres. La aplaudían con orgullo.

No había sido un mal control, posiblemente era uno de los mejores que había hecho. Debía estar satisfecha. Además, había aprendido una cosa nueva: antes de salir a competir con un maillot es obligatorio probarlo en un entrenamiento.

16

Durante los meses siguientes, Olympia pensaría muchas veces en todo lo que pasó el día de su primer control en la selección.

Cuando terminó el ejercicio de pelota, Maya las reunió delante de las jueces e hizo una valoración del trabajo tras saber las notas que habían sacado. Las de Clara eran excelentes; las de Olympia habían sido buenas, algo mejores que las de Cristina; Lucía andaba con buenos números pero un poco por debajo. En conjuntos había caras largas, y Oly volvió a oír cómo Cristina susurraba algo desagradable sobre dos de las chicas, y hasta hacía burla a Maya sentada fuera de su vista detrás del piano que ya no se utilizaba, mientras la seleccionadora corregía y animaba a las seis gimnastas.

Ese día todas las chicas saldrían a cenar con sus padres, y se saltarían la dieta estricta de la seleccionadora... Solo que antes de irse del chalé, Maya ya les dejó claro que en eso les esperaban cambios. De todos modos lo habrían visto al mediodía nada más llegar a Canillejas aunque ella no les hubiese dicho nada.

—¿Dónde está el Willy? —se preguntaban unas a otras mientras miraban alrededor, como si la báscula pudiese moverse sola y se hubiese ido corriendo por su cuenta a dar una vuelta por la casa.

—No está —les dijo Maya.

Habían aprovechado el control para sacarla del chalé sin que lo vieran las chicas. En el salón quien las aguardaba era una chica joven, con un maletín.

—Bien, chicas, ella es Saioa. Es nutricionista. A partir de ahora será quien lleve el control de vuestro peso y el tipo de alimentación de cada una. Será ella la que proponga los menús.

Les explicó que la semana siguiente iban a comenzar los controles antropométricos, de peso, talla, pliegues cutáneos, diámetros y demás, para saber cuál era el peso ideal de competición de cada una, en función de su constitución.

—No quiero que comáis a escondidas —les dijo la chica del maletín, muy seria—, quiero que comáis de forma responsable y con conocimiento de los alimentos. Tenéis que meteros en la cabeza que una buena alimentación es igual de importante que el entrenamiento y el descanso. Que os cuidéis es responsabilidad vuestra y no del entrenador. Yo simplemente voy a ayudaros: seré yo quien os pese, aunque lo haremos cada quince días y solo para llevar un control.

Maya se mantuvo en silencio mientras Saioa hablaba y pegaba en el salón el menú del próximo mes. Le costaba delegar esta parte de la disciplina en otro profesional, pero aquella monta-

NUEVO
MENÚ

ña de comida había llegado demasiado alta: ya era hora de que se desprendiera de una responsabilidad que correspondía a sus gimnastas. Y esa misma tarde, la seleccionadora aún tomó otra decisión complicada.

Mientras las chicas celebraban el adiós al Willy, le pidió a Cristina que se reuniese con ella en su habitación.

—¿Oyes algo? —le preguntaba Lucía a Olympia, que estaba con la oreja pegada en la pared que compartían con la seleccionadora.

—¡Todo!

Las dos pequeñas se habían acostumbrado a hablar bajito, sobre todo cuando eran cosas que no querían que escuchara nadie, en cambio Maya lo hacía con el mismo tono, sin preocuparle si alguien oía o no lo que estaba diciendo. Y ese día, a Olympia le interesaba mucho...

—Acaba de expulsar a Cristina por falta de disciplina.

Estaba claro que había visto las burlas de esa mañana y habían colmado el vaso. Olympia oyó cómo Maya las mencionaba a Lucía y a ella.

—Dice que no va a permitir que su indisciplina se convierta en una mala influencia —susurraba Oly, con la mano en la boca, impresionada.

—¿Y se marcha hoy? —Lucía también estaba impactada.

—Creo que sí. Maya está diciendo que era su tercer aviso y que luego hablará con sus padres para explicárselo.

¿Se estaría refiriendo a ella Maya cuando Oly la oyó hablar con Rita por teléfono antes de las vacaciones de Navidad? Echó la vista atrás: ya llevaba siete meses en esa casa y desde el principio sabía que algo chirriaba. Las rebeldías y las burlas de las veteranas, la obsesión por la comida que también Lucía y ella habían desarrollado sobre todo desde que vieron a las mayores saltarse las reglas... ¿Las estaba protegiendo Maya al expulsar a Cristina? ¿Cómo iban a cambiar ahora las cosas?

En realidad, le dio un poco de pena por Cristina. ¿Tendría que volverse a Valladolid? ¿Seguiría con la gimnasia o la dejaría? ¿Y qué pasaría con Mario?

Lucía y ella lo hablaron todo con sus padres en la cena: se fueron los seis a un restaurante de La Vaguada. Tenían mucho que celebrar.

—Vuestra seleccionadora ha hecho muy bien en expulsar a esa chica si le estaba faltando al respeto al resto —dijo el padre de Lucía.

—Y vosotras no podéis perder de vista vuestros sueños —les decía Mina mientras los otros adultos asentían y las chicas se comían una buena hamburguesa con patatas fritas—. Estáis haciendo muchos sacrificios, pero los hacéis porque os ilusiona esto.

—Este esfuerzo lo hacéis por vosotras, lo habéis decidido vosotras y tenéis que ser responsables —la respaldó Tomás—. Aunque ahora no lo valoréis, esta experiencia será un aprendizaje que os durará toda la vida.

—Sois unas privilegiadas, ¿cuántas gimnastas de toda España desearían tener la oportunidad que os están dando? —añadió

Mina—. Aprovechadla, disfrutadla y el día que no queráis estar aquí, no pasa nada, os venimos a buscar. Pero tenéis que valorar esta oportunidad. Yo estoy convencida de que llegaréis lejos.

—¡Por lo menos hasta Rusia! —gritó Lucía, y Oly sonrió de oreja a oreja.

¡Esa era la tercera noticia del día! Maya ya les había dicho a los padres que en tres semanas Clara y Olympia viajarían a Moscú representando a España en la primera de las competiciones internacionales preparatorias, la última antes del campeonato de Europa que se celebraría en junio. Lucía se quedaba, pero se alegraba mucho por su amiga, y ya le había hecho prometer que se lo contaría todo a la vuelta.

Por la noche, tumbada en la litera con las luces apagadas, el *chunda-chunda-chunda* de fondo de los auriculares de Clara y el hueco libre en la cama de Cristina, Olympia se acordó de Rufino.

Vaya cara va a poner cuando se lo diga: ¡la rusita se va a Rusia!

Qué ganas tenía de decírselo a todo el mundo.

La rusita se va a Rusia...

Epílogo

Olympia estaba poniendo el sofá del salón patas arriba. Se habían quedado sin monedas, su móvil estaba en el cajón de Maya y necesitaba llamar por teléfono con todas sus fuerzas porque la curiosidad iba a acabar con ella.

Anoche le había entrado un whatsapp de Carmen. Solo uno. Una frase:

A q no sabs quién se va contigo a la selección?

Lo había visto esa mañana en la furgoneta camino del colegio y había estado a punto de dar un salto. Había contestado enseguida pero, cómo no, la microgimnasta no andaba pendiente del móvil a esas horas. Con la expulsión de Cristina, quedaba una plaza libre en individuales. Ese mensaje de su amiga... ¿quería decir que iba a venir alguna de las chicas de IVEF al chalé? ¿Sería Carmen? Sería tan genial que fuese Carmen... O a lo mejor era Isa: había oído que Patricia y ella habían conseguido el primer y tercer puesto en el autonómico ese año. ¿O Irene? ¡Tenía que enterarse! La estaban devorando los nervios. Si no encontraba pronto una moneda en algún sitio, iba a preguntárselo a Maya directamente. O a pedirle su móvil para una llamada, seguro que lo entendía: ¡eso sí que era una urgencia!

Dejó el sofá y se lanzó a buscar calderilla detrás de las cortinas y debajo de los muebles mientras Cariño —que le había cogido eso, cariño, desde que se ganó una galleta fuera de sus horas de comida gracias a ella— la miraba extrañado y torcía a un lado y a otro la cabeza.

—No me mires así. ¡Busca, Cariño, busca! —le dijo Olympia, al tiempo que levantaba la esquina del único cuadro del salón, a ver si aparecía una caja fuerte como en las películas.

—¿Desde cuándo hablamos con el radar canino?

Oyó la voz de Lucía a su espalda, mientras miraba el cuadro con ojo experto, por si el marco tenía algún hueco secreto donde hubiese podido colarse algún día, de algún modo que no podía ni imaginarse, una moneda de cincuenta céntimos. *Si tuviera un*... Habló sin volverse.

—Necesito un detector de metales... ¿No tendrás uno?

—Eeeeh... no —le contestó Lucía, alucinada.

Oly se rio. Si se lo llega a preguntar a David, ya le habría contestado cualquier tontería. «Dos en cada bolsillo». Le echaba de menos.

—Da igual.

—¿Qué buscas? —le preguntó Lucía mientras se ponía ella también a revolver en los cojines del sofá.

—Ahí ya he mirado —le dijo Olympia. Y luego—: Necesito una moneda.

—¡Haberlo dicho! —contestó para su sorpresa Lucía mientras buscaba algo en el bolsillo—: Toma, del fondo de emergencia.

Ahora ya no gastaban dinero en chucherías, pero todo lo que tenían lo estaban ahorrando para el viaje de Olympia: Lucía le pensaba encargar una lista enorme de cosas. Oly dio un salto y se la quitó de la mano. Se lo agradeció corriendo ya hacia la cabina, con la única palabra en ruso que conocía:

—*Spasiva!*

—¡Que no me hables raro, que soy de Badajoz!

Pero Oly ya no la oía. Marcó corriendo el número de Carmen: tenía que enterarse de cuál de sus amigas iba a mudarse a Madrid. Y después, de si los del CAR de Barcelona mandarían también a algún gimnasta a Moscú. Y de si Mario viajaría. Y luego tenía que conseguir un diccionario de ruso. Y enterarse de qué ropa hacía falta en ese sitio. ¿Y dónde podía conseguir un gorro de cosaco? La señal de llamada ya empezaba a sonar al otro lado...

Consejos y curiosidades por Almudena Cid

¿Sabías que...?

Uno de los conocimientos más importantes para el deportista es conocer cómo funciona su cuerpo, porque a fin de cuentas es su herramienta de trabajo. Conocerlo, optimizarlo y cuidarlo para que funcione a pleno rendimiento durante mucho tiempo es responsabilidad nuestra.

El cuerpo cambia conforme cumplimos años, y también a medida que vamos cambiando nuestros entrenamientos. Y el modo en que lo alimentemos es importantísimo. Muchos desequilibrios en la alimentación están relacionados con nuestros estados emocionales. ¿Alguna vez te ha pasado que comes algo porque estás nervioso o porque estás aburrido? También comemos menos cantidad o menos sano cuando estamos tristes o muy cansados. La incorporación de Olympia al equipo nacional, estar lejos de su familia, adaptarse a sus nuevas compañeras influyeron en su estado anímico y esa obsesión por las chucherías era un reflejo de todo eso, como una válvula de escape, solo que poco sana. Las lesiones están muy relacionadas con nuestro estado de ánimo. Si trabajamos con una actitud apática, tendremos más riesgo de lesionarnos, igual que si lo hacemos con una tensión excesiva.

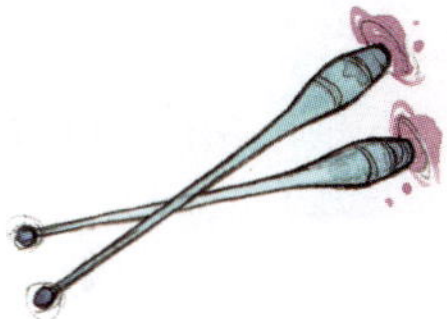

Estos son cinco puntos que un deportista debe tener bien presentes:

1. Una alimentación adecuada hará que mejore tu rendimiento.

2. Tienes que dormir las horas necesarias, ocho aproximadamente.

3. El descanso físico es igual de importante que el entrenamiento.

4. Tienes que hidratarte bebiendo 2 litros de agua al día.

5. No es lo mismo una lesión que una sobrecarga.

Entra en www.almudenacid.com/menus-para-gimnastas-por-saioa-segura/ para ver los menús que Saioa Segura Alcaide, Dietista-Nutricionista del Departamento de Fisiología y Nutrición del Centro de Alto Rendimiento de Sant Cugat del Vallés ha hecho especialmente para ti.

Cómo mejorar la extensión de espalda

Algunos gimnastas tienen mucha flexibilidad de espalda y otros, en cambio, de piernas. Pero hasta teniendo estas condiciones naturales hay que trabajarlas.
Cuando se trata de la extensión de espalda, es muy importante comenzar y acabar el movimiento desde un máximo alargamiento de la columna. Para proteger nuestras lumbares, es importante que siempre que subimos de una extensión lo hagamos desde el abdomen.
Un buen trabajo de espalda se complementa con el trabajo de hombros y ondas.

Entra en www.almudenacid.com
y podrás encontrar un montón de ejercicios
para mejorar tu extensión de espalda.

Agradecimientos

A mis padres y hermanos que con su contención saldaron gran parte del pasaje de aquella niña que viajaba rumbo a sus sueños.
A Agurtzane, por descubrirme y ser la incógnita de esa ecuación entre generosidad y honestidad.
Iratxe, no se me ocurre mejor lienzo que estos cuentos para reflejar tu profesionalidad, tu lucha por el trabajo elegante y las cosas bien hechas.
Ortzi, amigo, gracias por mostrarme en el momento justo el prisma con el que otear horizontes más allá de la gimnasia.
A Montse por la ilusión en forma de trazos vertida en estos cuentos.
A toda la familia Alfaguara. Anna, Laia, Anabel por invitarme a mecanografiar mis emociones en el mejor

formato posible y en especial a Maya por nuestras tutorías entre carcajadas.

A Al, por empujarme hacia adelante e invitarme a contemplar mi pasado como algo enriquecedor.

A ti, Christian, porque te bastó un año para descifrar lo que significa este deporte para mí y por posibilitarme una transición que se antojaba imposible.

A todos aquellos que practican este precioso deporte y que conciben la rítmica como única forma de expresión y de liberación.

Y cómo no, a todos esos noventa segundos que tanto me dieron y tanto me seguirán dando.

No te pierdas otras aventuras de

Olympia

PUNTERAS NEGRAS

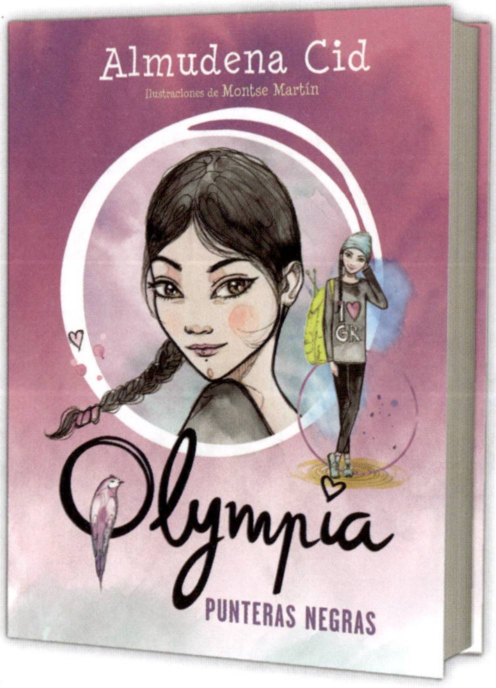

UN PASO MÁS

Almudena Cid
Ilustraciones de Montse Martín
Olympia
UN PASO MÁS

Este libro se terminó de imprimir
en el mes de abril de 2015